U0117218

良渚博物院
中国早期文明丛书
国家出版基金项目

屈家岭

五千年前的众城之邦

彭小军 著

上海古籍出版社

图书在版编目（CIP）数据

屈家岭：五千年前的众城之邦／彭小军著 . —上海：上海古籍出版社，2023.9
（中国早期文明丛书）
ISBN 978 - 7 - 5732 - 0728 - 9

Ⅰ . ①屈… Ⅱ . ①彭… Ⅲ . ①屈家岭文化-研究 Ⅳ . ①K871.134

中国国家版本馆CIP数据核字（2023）第096824号

策划编辑：贾利民
责任编辑：缪　丹
装帧设计：王楠莹
技术编辑：耿莹祎

中国早期文明丛书
屈家岭——五千年前的众城之邦
彭小军　著
上海古籍出版社出版发行
（上海市闵行区号景路 159 弄 1-5 号 A 座 5F　邮政编码 201101 ）
（1）网址：www. guji. com. cn
（2）E-mail：guji1 @ guji. com. cn
（3）易文网网址：www. ewen. co
上海雅昌艺术印刷有限公司印刷
开本 700×1000　1/16　印张 14　插页 4　字数 210,000
2023 年 9 月第 1 版　2023 年 9 月第 1 次印刷
ISBN 978 - 7 - 5732 - 0728 - 9

K·3389　定价：118.00 元
如有质量问题，请与承印公司联系

2023 年度国家出版基金资助项目；

本书为中华文明探源工程

"长江流域文明进程研究"课题（编号：2020YFC1521603）

和"考古中国"重大项目"长江中游文明进程研究"的阶段性成果

总 序

"五千年中华文明"之说自被提出以来，始终面临着科学的审视。寻找切实可信的中华文明之源，成为数代学人的情结和使命。它不仅是我国学者潜心研究的重大课题，也是国际学界持续关注的研究领域。这一问题的解答，关系中华民族历史的展示与构建、文化自信的建立与增强、中华文化国际影响力的提升等一系列问题。

2001 年，国家启动了中华文明探源工程，集结了包括考古学、历史学和自然科学各大学科在内的 20 多个学科、60 多个单位的 400 多位专家学者的力量进行攻关。该项研究以马克思主义为指导，以距今 5 500～3 500 年间最能反映社会发展状况和权力强化程度的浙江良渚、山西陶寺、陕西石峁和河南二里头 4 个都邑性遗址以及黄河、长江和辽河流域的中心性遗址作为工作重点，开展大规模考古发掘和周围地区聚落分布调查，获取方方面面的信息，多学科、多角度、多层次、全方位对中华文明起源、形成与早期发展进行研究。

经过 20 年的不懈工作，中华文明探源工程成果显著：对中华文明的起源、形成、发展的历史脉络，对中华文明多元一体格局的形成和发展过程，对中华文明的特点及其形成原因等，都有了较为清晰的认识。中华五千多年文明史所言非虚：距今万年奠基，八千年起源，六千年加速，五千多年进入（文明社会），四千三百年中原崛起，四千年王朝建立，三千年王权巩固，两千两百年统一多民族国家形成。多元融合是中华文明生生不息的源泉，开放包容、交流互鉴是文明发展的动力，文化软实力是增强中华文明创造力和影响力的保障。中华文明的起源、形成和早期发展，与世界其他三大原生文明基本同步，辉煌的文明成就毫不逊色。它是世界四大文明中唯一延绵至今、未曾中断的文明，在人类文明史上占有独特而重要的地位。

尤为可贵的是，该工程提出了文明定义和认定进入文明社会标准的中国方案，为世界文明起源研究作出了原创性贡献。关于文明的定义及相关概念，国内外学界存在诸多分歧。中华文明探源研究坚持历史唯物主义，提出文明是人类文化和社会发展的高级阶段。这一阶段在生产力发展的基础上，出现了社会分工和社会分化，形成了阶级、王权和国家。我们提出"文明起源"与"文明形成"两个概念，二者既有联系又有区别，两者是文明社会孕育和产生的不同阶段，先有文明因素量的积累，后有社会质的变化。国家的出现是文明形成的标志。关于进入文明社会的认定标准，中华文明探源研究冲破"文明三要素"（文字、冶金术和城市）的桎梏，提出了新的观点：即生产发展，人口增加，出现城市；社会分工，阶层分化，出现阶级；权力不断强化，出现王权和国家。这一新的标准不仅基于中国考古学的大量发现与丰富例证，将国际社会对中国文明仅有3 300年的认知局限扩展至5 000多年，而且也适用于国际上的其他原生文明。

这一工程出版成果丰硕，如《中华文明探源》《中华文明探源工程文集》《中华文明探源工程成果集萃》等让我们对中华文明形成的时间、脉络和特点的认识逐渐清晰。在考古学家孜孜不倦地攻克史前难题时，有必要组织一套面向社会大众的，能够全面反映中华文明形成和发展关键时期的文明丛书，既是对考古资料的一种梳理，也是成果的及时公布和转化。故而，我们选取在中华文明起源、形成过程中发挥过重要作用的八个考古学文化或典型遗址，即仰韶文化、大汶口文化、屈家岭文化、石家河文化、凌家滩文化、红山文化、良渚文化和陶寺遗址，以期生动、立体地展现各文化的特质，介绍考古工作的特殊性和趣味性。

值得注意的是，2019年良渚古城遗址入选世界文化遗产名录，是我国入选世界遗产的第一处史前文化遗址。作为中国长江下游环太湖地区的一个区域性早期国家的权力与信仰中心，良渚古城遗址以其时间早、成就高、内容丰富而展现出长江流域对中华文明起源阶段"多元一体"特征所作出的杰出贡献，填补了《世界遗产名录》东亚地区新石器时代城市考古遗址的空缺，为中国5 000年的文明史提供了独特的见证；其向心式三重结构的空间形制与湿地营城技术展示了世所罕见的极高成就，在人类文明发展史上堪称早期城市文明的杰出范例。

良渚古城遗址申遗成功后，我们对五千年前后的文明进程关键时期的局面，更有必要在更大的时空维度中做一介绍，阐释"满天星斗"，表现中国文明形成的"多元一体"的历史趋势。良渚博物院站位高远，不局限于一时一地，跳出长江下游从整个中国的视角来看待早期文明起源与形成的大问题，依托"中华文明探源工程"卓有成效的工作成果，在2020年底提议组织一套早期文明比较丛书，次年春经多次讨论后正式启动。该丛书将新石器时代晚期已经踏入初期文明阶段的几个主要考古学文化纳入主题，从整个中国的大视野来看待良渚文明的起源和发展问题，这不仅是对良渚文化考古研究的再次深入，对于早期文明起源的探索也必然会有巨大的推动作用。本丛书一套八册，包括《良渚：中华文明之光》《红山：中国文化的直根系》《凌家滩：中华文明的先锋》《陶寺：中国文明核心形成的起点》等，均由相应遗址的考古领队或研究学者执笔撰写，具有很好的科学性和系统性。不可回避的是，由于组稿和编撰的时间较短，各位作者白天奔波于田野一线，晚上整理资料后还要埋首各自图书的撰写，涉及大量资料的梳理和系统思考，难免不够全面和完备。尽管整体上看丛书体例统一，但也存在一些小问题，实属遗憾。抛砖引玉，寄望来者。

我们期冀这套丛书可以依托各地丰富的考古发现和研究成果，开展良渚文明与中国各地大体同时期的区域文明的比较研究，展现中国各地区文明起源、形成的路径和特点，以使读者更好地感知多元一体的中华文明的丰富内涵和其中蕴含的中华优秀传统文化的精神内核，增强对中华文明的认知和认同，为增强历史自觉和文化自信，实现中华民族伟大复兴的中国梦提供精神动力。

中国考古学学会理事长、中国社会科学院学部委员

二〇二二年九月

第一章

何处屈家岭

石龙过江：半个世纪前的邂逅

1954 年，湖北省水利部门决定在京山、天门一带实施石龙过江水库渠道工程。刚从全国"第三届考古训练班"（图一）上结业归来的王劲等年轻学者，带着从训练

图 全国第 届考古训练班合影

班学到的最新理论知识和在西安半坡遗址实习积累的考古发掘经验，与湖北省原有的考古专业人员一起，配合工程开始了江汉地区的首次田野调查。经过一个冬季的艰辛工作，他们发现了上百处古文化遗址，其中大多属于新石器时代文化[1]。

有一天，考古队员们到京山国营五三农场附近的屈家岭村踏查。这是一个不足十户、用土坯建房的小村庄。在其周围 5 公里范围内，见不到其他村庄，人迹罕至，荒凉偏僻，甚至时有野狼出没[2]。不过，让考古队员欣喜的是，在村后面已经开挖的水渠两侧的断面上有一些陶片，有些陶片"薄如蛋壳"，表面绘制有精美的彩色图案（图二）。凭借过硬的专业知识，王劲等人迅速意识到，这里是一处古代遗址，出土的彩陶与之前发现的黄河流域仰韶文化"厚胎彩陶"

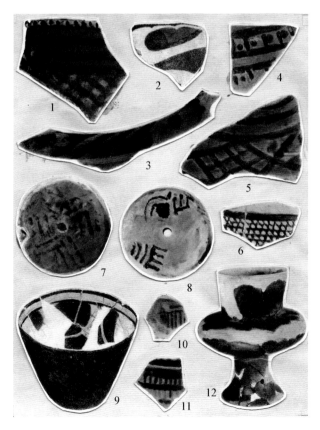

图二　屈家岭遗址第二次发掘出土彩陶

有所不同。由于这处遗址位于屈家岭村，根据考古遗址以最小地名冠名的惯例，他们将其命名为屈家岭遗址[3]。

新的重要发现被迅速上报给中央文化部文物局。收到报告后，文物局文物处的负责同志前往中国科学院考古研究所，将这一信息告诉实际主持研究所工作的副所长夏鼐[4]。文物局、中国科学院考古研究所当即派业务骨干王伯洪、张云鹏（图三）赶赴湖北。二人长期在陕西、河南工作，拥有丰富的田野经验。经过实地考察，二人确认此地是一处新石

图三　张云鹏先生

器时代遗址，而且有重点保护的必要，故提请水利部门将干渠改道至遗址边缘地带穿过。

第二年初春，张云鹏再次来到湖北，参与到石龙过江水库指挥部文物工作队组织的抢救性发掘工作中（图四）。他们在屈家岭村西部渠道经过的地方开始了小面

图四　张云鹏先生（登梯者）在屈家岭遗址拍摄遗迹

图五　屈家岭遗址第二次发掘时考古队驻地

积试掘。试掘的收获让考古队员们非常兴奋，他们发现了一种与其他地方完全不同的新的文化遗存。不过，对于新文化遗存的年代、内涵、性质等，他们仍不清楚，仍需要继续做工作。为此，经过主管部门批准，中国科学院考古研究所正式组建湖北工作队，开始了以探索长江中游史前考古学文化为课题的学术性考古研究，启动了对屈家岭遗址的正式发掘[5]（图五）。发掘工作由张云鹏主持，并得到夏鼐的书信指导，湖北省的文物考古人员自始至终参与了考古发掘[6]。

　　一个影响至今的考古发掘就这样开始了。

　　1956 年 6 月到 1957 年 2 月，考古队从夏天苦战至冬天，春节不休。在克服野狼侵扰、断粮少油等困难后，前后历时八个月，终于完成了野外任务（图六）。他们先用洛阳铲大面积钻探，后又创造性地开 2 米宽、2 米、8 米或 10 米长的各式"探方"进行考古发掘（图七），发现了大量特征鲜明的陶、石、玉器等，尤其出土了独特的彩陶、彩绘陶和众多彩陶纺轮。

　　在屈家岭村发掘的间隙，考古队还在石龙过江渠另一端的天门县石家河乡发掘了罗家柏岭、贯平堰、石板冲、三房湾等四处遗址，其中有些陶器的形制与屈家岭

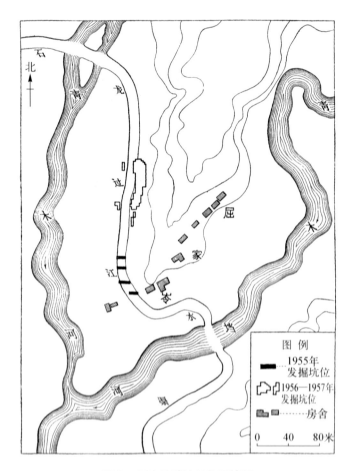

图六　屈家岭遗址早年测绘图

非常接近[7]。同时，他们又在石家河乡调查发现了大量遗址。这些遗址后来也被确认是一处规模巨大的新石器时代聚落。在石家河乡发现的这些资料，对于比较和认识屈家岭遗存起到了重要的作用[8]。

屈家岭村的发现，引起了学界的强烈关注。大家注意到，屈家岭遗址出土的陶器群，是一支以蛋壳彩陶小杯、彩陶壶形器、双腹鼎、双腹碗、双腹豆、彩陶纺轮为代表的文化遗存（图八）。陶质主要是泥质黑陶和灰陶，常饰凸弦纹或镂空纹饰。凹底器较多，这是其他地区的考古学文化所缺乏的。

图七　屈家岭遗址第二次发掘现场

双腹碗　　　　　　双腹豆　　　　　　双腹鼎

高领罐　　　　　　壶形器　　　　　　圈足杯

盂形器　　　　　蛋壳彩陶杯　　　　彩陶纺轮

图八　屈家岭文化典型器物示例

对于考古学家而言，出土的古人生活留存的物质材料是最直接的资料，但要通过坛坛罐罐、刀斧镰针去了解古代社会的方方面面，就要遵循一定的理论和方法对材料进行分析。早期的考古学家们在不断实践的基础上，逐步摸索出了行之有效的理论和方法，其中之一即是考古学文化。它是指能够在考古学遗存中观察到的，属于同一时代、分布于共同地区、具有共同特征的一群遗存[9]。考古学文化同一般意义上所称的区别于政治、经济而属于意识形态的文化有所不同。

屈家岭村发现的这类考古学遗存，在石龙过江渠工程中发现的新石器时代遗址中多见，分布有一定范围，文化特征鲜明，因此应属于共同的考古学文化。而且这类遗存与之前见诸报端的考古学文化有所不同，有必要重新命名。根据以"最先发现的典型遗址所在的小地名命名考古学文化"的原则，1959 年，著名考古学家夏鼐、安志敏，在不同场合的发言和文稿中，对"屈家岭文化"进行了初步的表述，与之同时被命名的还有长江下游的"良渚文化"[10]。随后，张云鹏完成了发掘报告《京山屈家岭》，"屈家岭文化"被正式命名[11]（图九）。

这是长江中游地区最早发现、并被正式命名的新石器时代考古学文化。1965 年出版的《京山屈家岭》也成为长江中游地区第一部新石器时代考古报告。

在屈家岭村发掘之前，中国新石器时代考古确认的考古学文化不多，当时仅识别出黄河中游的仰韶文化、黄河上游的马家窑文化和齐家文化、黄河下游的龙山文化、长江下游的良渚遗存（尚未正式命名为考古学文化）、辽西地区的红山文化、松辽平

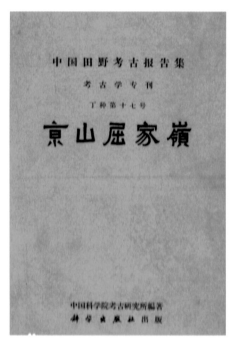

中国田野考古报告集

考古学专刊

丁种第十七号

京山屈家岭

中国科学院考古研究所编著

科学出版社出版

图九　《京山屈家岭》报告

原的昂昂溪文化等，对长江中游地区的新石器时代文化面貌一无所知。限于当时的考古资料，在新中国成立后的较长时间里，史学界和考古学者们大多支持"黄河流域中心论"，认为黄河流域是中华文明的起源地，是中华民族的文化摇篮，其他地区的文化都是由黄河流域的史前文化向外传播之后发展起来的。屈家岭村发现的遗存，与黄河流域的仰韶文化、龙山文化明显不同，说明长江中游的史前遗存不是由中原传播来的，因而在一定程度上动摇了"黄河流域中心论"。屈家岭村考古，揭露出一种全新的新石器时代文化遗存，它犹如一颗划亮黑夜的启明星，照亮了大家对长江中游新石器文化研究前景的信心，极大推进了长江流域及其以南地区的新石器时代考古工作。

辨识：年代和外延的变化

《京山屈家岭》将屈家岭遗址出土的全部遗存定性为屈家岭文化，并且根据大面积的红烧土层将它们区别为早、晚两大时期。其中，早期遗存以朱绘黑陶最具代表性，晚期遗存以双腹灰陶为主。

报告关于屈家岭文化内涵的认定，对学界影响很大，在相当长的一段时间里，几乎所有的考古报告都以屈家岭遗址的早、晚期遗存作为屈家岭文化的定性标准。随着考古资料的丰富，大家发现以屈家岭文化为坐标而构建的长江中游史前考古学文化体系，总有一些难以理顺的"绳结"[12]。因此，在20世纪八九十年代掀起了热烈的争鸣和探索。有考古学者开始认识到屈家岭报告定义的"早期"遗存与"晚期"遗存有所不同（图一〇、图一一）。二者无论在陶器的颜色和形制方面，还是在聚落特征方面，都有非常大的差异，很可能是不同的考古学文化[13]。典型的屈家岭文化应该只是报告中提到的"晚期"遗存。

除了将"早期"遗存剥离，屈家岭文化中混入的石家河文化遗存也被逐渐识别出来。20世纪50年代末到60年代初，中国科学院考古研究所和湖北省文物管理

图一〇　屈家岭遗址 H74 出土的油子岭文化晚期陶器

图一一　城河遗址 M4 出土的屈家岭文化陶器

委员会，在青龙泉遗址发现了一批不同于屈家岭文化的遗迹和遗物。由于这批遗迹遗物叠压于屈家岭文化遗存之上，说明它们晚于屈家岭文化。后来，随着 20 世纪 50 年代石家河遗址罗家柏岭、三房湾等地点发掘资料的整理和公布[14]，大家意识到青龙泉遗址发现的晚于屈家岭文化的遗存，其实早在石家河遗址已经发现过，所以应该称其为"石家河文化"。多方面的研究表明，石家河文化是屈家岭文化的继承者，它沿袭了屈家岭文化的因素，在一些陶器形制上有着轨迹可循的演变规律，而且在聚落和葬仪方面，与屈家岭文化也有一定的亲缘关联。但与屈家岭文化相比，石家河文化确实出现了一批新器型，表明二者属于不同的考古学文化。

那么，屈家岭文化的年代距离我们有多远呢？

考古学家关注的考古学文化年代主要有两类，即相对年代和绝对年代。就相对年代而言，主要是依靠层位关系和器物形制来判断的，也就是考古学上的地层学和类型学。一方面，早期的遗存因为形成时间早而分布于下方，晚期的遗存因为形成时间晚，所以位于早期遗存之上。另一方面，器物的形制演变一般遵循着特定的规律，根据规律可以排列出器物的逻辑演变，再结合层位上的先后顺序，通过器物之间形制的比较，就可获知不同考古学文化之间或同一考古学文化不同阶段之间孰早孰晚。

如，在鄂西北青龙泉[15]、沟湾[16]、龙山岗[17]遗址的发掘过程中，考古工作者就发现"三叠层"现象，即从下到上的遗存依次为当地仰韶文化、屈家岭文化、石家河文化，由此说明屈家岭文化晚于当地的仰韶文化而早于石家河文化。在城头山[18]、走马岭[19]、石家河、屈家岭等遗址则发现屈家岭文化遗存位于油子岭文化、石家河文化之间。

但是，要获知考古学文化的具体年代，就必须借助自然科学技术，常用的方法则是碳十四测年。目前关于屈家岭文化的测年数据已有很多，综合来看有四种不同的认识，分别为3100～2500BC[20]、3000～2400BC[21]、3000～2600BC[22]、3200～2500BC[23]四种。造成这种现象的原因与考古学遗存的区域差异、测年样品种类和规模、出土背景、处理方法以及分析技术、树轮校正曲线、应用程序的更新都有关联。在样品种类方面，碳化的植物种子为年生长，获取的数据较为准确；炭屑、骨类的生长周期较长，可能会有误差。在出土背景方面，灰坑、墓葬等遗迹的形成时间较短，样品的误差幅度较小；地层的形成时间较长，且形成原因复杂，样品的误差幅度较大。我们根据碳十四测年和陶器类型学的比对，采用3100～2500BC，作为屈家岭文化的普遍年代。需要说明的是，屈家岭文化的形成年代可能存在区域差异，汉东地区屈家岭文化的起始年代或要早于其他地区。

两原一盆地：文化版图的开拓

其后的一系列考古发现和研究表明，屈家岭文化作为长江中游最为兴盛的考古学文化，它们的遗址分布纵跨湖北、河南、湖南三省。文化版图以江汉平原、洞庭湖平原、南阳盆地为中心，东起大别山南麓，西至鄂西三峡，北抵桐柏山，南达洞庭湖沿岸（图一二）。

在这一范围内发现的屈家岭文化遗址，已超过 500 处[24]，经过发掘或有相对详细资料报道的屈家岭文化遗址也有 120 处以上。其中，最重要的典型遗址和作为研究重点的遗址，除了屈家岭遗址之外，还有下列 20 多处。

石家河遗址：面积约 800 万平方米，为近 40 处遗址组成的遗址群。1955～1956年，由中国科学院考古研究所、湖北省文管会联合发掘。1979、1987～1992、2011、2014～2019 年，由湖北省文物考古研究所、北京大学考古文博学院、荆州博物馆、天门市博物馆等单位多次发掘。发现城垣、壕沟、祭祀台、房址、陶窑、石器加工厂、灰坑、墓葬等遗迹，出土大量陶器、石器和装饰品。遗址的堆积，中期为屈家岭文化，早期为油子岭文化，晚期为石家河文化和肖家屋脊文化[25]。

笑城遗址：面积近 10 万平方米，2005 年由湖北省文物考古研究所发掘，发掘面积共 230 平方米。发现屈家岭文化城垣、壕沟、城门等重要遗迹，还发现有石家河文化的灰坑、墓葬，以及周代的城垣、房址、灰坑等遗存。出土的屈家岭文化遗物有陶匚、壶形器、碗、甑、圈足杯、罐、鼎、碟、彩绘纺轮、菱角等[26]。

门板湾遗址：面积 110 万平方米，为多处遗址组成的遗址群。1998、2001 年，由湖北省文物考古研究所发掘，发掘面积 800 平方米。遗址主要为屈家岭文化堆

图一二 屈家岭文化主要遗址分布图

经过发掘或重点调查过的屈家岭文化遗址：1. 屈家岭 2. 石家河 3. 笑城 4. 门板湾 5. 青龙泉 6. 沟湾 7. 八里
8. 龙山岗 9. 黄山 10. 穆林头 11. 凤凰咀 12. 曹家楼 13. 叶家庙 14. 金鸡岭 15. 关庙山 16. 中堡岛 17. 城河
18. 阴湘城 19. 走马岭 20. 七星墩 21. 城头山 22. 鸡叫城 23. 高坎垄

积，还有部分石家河文化遗存。这处遗址最重要的是发现了城垣，以及保存几乎完好的套间房屋[27]。

青龙泉遗址：面积 4.5 万平方米。1959～1962、2006～2008 年，由中国社会科学院考古研究所、湖北省文物考古研究所等单位多次发掘。遗址的堆积顺序先后为仰韶文化、屈家岭文化、石家河文化。发现有屈家岭文化的房址、灰坑、陶窑、墓葬、瓮棺、石器加工场等，尤其墓葬中在墓主腰部下方挖坑埋罐的现象较为特殊[28]。

沟湾遗址：原名下集遗址，面积 6 万平方米。1959、2007～2009 年，分别由长办考古队河南分队、郑州大学历史学院考古系发掘，包含仰韶文化、屈家岭文化、石家河文化、王湾三期文化晚期四个不同阶段，此外还有少量的汉代、宋代、明清遗存。发现有壕沟、房址、陶窑、灰坑、墓葬、瓮棺、祭祀坑等遗迹，出土陶、石、玉等多类遗物[29]。

八里岗遗址：面积 5 万平方米。1991～2008 年，由北京大学考古系等单位发掘。遗址堆积先后为贾湖一期文化、仰韶文化、屈家岭文化、石家河文化、王湾三期文化，基本囊括了南阳盆地整个史前阶段。发现有大量排房、灰坑、陶窑、墓葬、瓮棺等遗迹，出土了精美的磨光黑陶、彩陶、石器、骨器等遗物[30]。

龙山岗遗址：原名黄楝树遗址，面积 14 万平方米。1957、1965、1966、2008～2012 年，河南省文物考古研究院等单位多次发掘。发现仰韶文化、屈家岭文化、石家河文化、王湾三期文化以及西周、汉代等不同时期的遗存。遗址出土的屈家岭文化彩陶壶形器和大型“长屋”曾引起学界的热烈关注[31]。

黄山遗址：面积 30 万平方米。2018 年至今，由河南省文物考古研究院等单位发掘。遗址堆积先后为仰韶文化早期、仰韶文化中期、仰韶文化晚期、屈家岭文化、石家河文化等。该遗址是仰韶文化、屈家岭文化、石家河文化玉石器制作特征鲜明的中心聚落，发现有玉石加工场、房屋、码头、墓地等遗迹，是南阳盆地已知遗址中面积最大、遗迹规格最高的聚落。

樊林头遗址：现存面积 8 万平方米。2017 年，由湖北省文物考古研究所等单位发掘。遗址历经屈家岭文化时期、周、汉、宋代。屈家岭文化遗存包括 3 座房址、11 个灰坑、1 条灰沟、22 座墓葬。其中墓葬中出土了近 400 件陶器以及玉石钺、牙璧、斧、管、圭、锛、镞、刀、凿等，还有象牙器、骨锥等[32]。

凤凰嘴遗址：面积 25 万平方米，为多处遗址组成的遗址群。2015～2017、2018、2020、2021 年，由武汉大学、湖北省文物考古研究所等单位勘探和发掘。屈家岭文化是遗址主体，另分布有石家河文化、煤山文化。发现城垣、壕沟、房址、灰坑、墓葬等遗存[33]。

曹家楼遗址：面积 2 万平方米。1984 年，由武汉大学历史系考古专业等单位发掘。遗址经历油子岭文化、屈家岭文化两大阶段。屈家岭文化发现有房屋、瓮棺 12 座，出土石斧、锛、凿、网坠、矛、镞，陶豆、碗、杯、罐、盆、鼎等[34]。

叶家庙遗址：面积 56 万平方米，为多处遗址组成的遗址群。2008 年，由湖北省文物考古研究所发掘。考古揭示遗址历经雕龙碑三期文化、屈家岭文化、石家河文化三个阶段。发现有城址、壕沟、墓葬、灰坑、灰沟等遗存[35]，城垣围筑面积 15 万平方米。

金鸡岭遗址：面积 10 万平方米。2002 年，由湖北省文物考古研究所发掘。遗址包含屈家岭文化和石家河文化。发现有屈家岭文化的房址、灰坑、灰沟、陶窑、墓葬等，尤其是数座陶窑遗迹形制特殊[36]。

关庙山遗址：面积 8.4 万平方米。1975、1978～1980 年，由中国社会科学院考古研究所发掘。遗址包含大溪文化、油子岭文化、屈家岭文化、石家河文化等四种考古学文化。屈家岭文化遗迹主要有房屋、红烧土堆积、灰坑等。尽管关庙山遗址的主体遗存是大溪文化，而且是大溪文化分期的标杆性遗址，但它对于探索屈家岭文化在鄂西的开拓具有重要价值[37]。

中堡岛遗址：面积 5.76 万平方米。1979、1985～1986、1993 年，由国家文物局三峡考古队等单位多次发掘。遗址历经大溪文化、屈家岭文化、夏商时期。最重要的是在遗址中区约 80 平方米的范围内发现 23 个器物坑，出土陶、石、玉器等 1 000 余件[38]。

城河遗址：面积约 70 万平方米。2012～2023 年，由中国社会科学院考古研究所、湖北省文物考古研究所、荆门市博物馆、沙洋县文管所等联合发掘。遗址主体为屈家岭文化，并有少量石家河文化遗存。先后发现城垣、壕沟、大型建筑、祭祀台、陶窑、疑似"广场"、墓葬等遗迹，出土玉、石、陶、骨器等大量精美文物。遗址北部的王家塝墓地是迄今发现的规模最大的屈家岭文化墓地[39]。

阴湘城遗址：面积 12 万平方米。1991 年试掘，1995 年由荆州博物馆、（日本）福冈市教育委员会联合发掘。遗址先后堆积有大溪文化、油子岭文化、屈家岭文化、石家河文化。屈家岭文化遗迹有城垣、壕沟、灰坑、灰沟、陶窑等[40]。

走马岭遗址：面积 50 万平方米。1990～1992、2014～2016 年，由武汉大学历史学院考古系发掘。遗址堆积为油子岭文化、屈家岭文化、石家河文化、煤山文化四个阶段。屈家岭文化遗迹最为丰富，包括城垣、壕沟、房址、墓葬、坑灶、红烧土堆积、灰坑、灰沟等[41]。

七星墩遗址：面积 20 万平方米。2011、2013～2014、2018～2020 年，由湖南省文物考古研究所等发掘。遗址历经屈家岭文化、石家河文化、肖家屋脊文化。发现城垣、壕沟、陶窑、墓葬、瓮棺、灰坑、灰沟、红烧土堆积等遗迹，出土陶、石、漆木器等大量珍贵文物。发现的漆木器在屈家岭文化遗存中较为少见[42]。

城头山遗址：面积 8 万平方米。1991～2000 年，由湖南省文物考古研究所发掘。遗址先后堆积汤家岗文化、大溪文化、屈家岭文化、石家河文化、肖家屋脊文化等遗存。屈家岭文化使用时期的遗迹有城垣、壕沟、墓葬、瓮棺、房屋、陶窑等。出土的稻田遗迹是迄今发现的较为明确的屈家岭文化稻田[43]。

鸡叫城遗址：三重环壕围绕的面积为 100 万平方米。1998、2006、2007、2018～2021 年，由湖南省文物考古研究所等单位发掘。遗址堆积包括彭头山文化、油子岭文化、屈家岭文化、石家河文化、肖家屋脊文化。屈家岭文化遗迹有城垣、壕沟、房屋等。近年发现的台基、大型木构建筑基础和谷糠堆积备受关注[44]。

高坎垅遗址：面积 1 万平方米。1983、1984 年，由湖南省博物馆等单位发掘。遗址包括油子岭文化、屈家岭文化两大阶段。遗迹主要为墓葬。遗址地处沅水上游，是迄今发现的屈家岭文化最南端的一处遗址[45]。

由于考古材料的不断丰富和积累，考古学家们注意到考古学文化可以划分为不同的层次。假如考古学文化作为第一层次，其下面可以划分为地方性文化类型，构成第二层次。换言之，同一考古学文化内部，会因地理环境、文化传统、技术经济、周邻交流等因素，在核心特征相同的基础上呈现出不同程度的个性差异。这些个性差异表现在多个方面，作为考古学物质遗存的遗迹和遗物上都会有体现。目前，关于屈家岭文化划分地方类型的做法非常普遍，只是具体划分角度和所用名称尚未协调一致。而且随着屈家岭文化遗址发掘数量的增多，其地方类型的划分有增多之趋势。地方类型并不是考古学文化层次划分的终结，相信随着研究的深入，一些地方类型仍能够细化，形成考古学文化的第三甚至第四层次，"从而把考古学遗存中所能观察到的共同体缩小到与部落或部落集团大体相当的规模"[46]。

诚然，把屈家岭文化划分层次，进而复原屈家岭社会历史的全貌，尤其是屈家岭文化各个级别的人类共同体的分布、相互关系和发展演变的全部历史，仍存在许多困难。加之我们获取的考古资料只是当时社会的片段，无法将屈家岭文化与某族的共同体完全画上等号。但是考古资料是距今五千年前屈家岭先民的最直接遗留和缩影，对屈家岭文化遗存的观察和分析，能够帮助我们对当时人群产生真切实在的认识，也能了解当时社会的轮廓和发展轨迹。

第二章

裂变：前屈家岭时代的长江中游

屈家岭文化所在的长江中游地区泛指江汉平原、洞庭湖平原及其邻近地区，周邻环绕秦岭、桐柏山、大别山、罗霄山、南岭、武陵山和巫山等大小不一的山脉，主体似两个不规则的盆地，包括今天的湖北省、湖南省和河南省西南部。它以长江为中心，汇集了汉江、清江、沮漳河、澧水、沅水、资水、湘江、巴河等河流，形成河汊密布、湖泊星罗、低山与丘陵相间的地理环境。

从地貌上看，长江中游幅员辽阔，但相当多的范围都被云梦泽所占据，长江北岸的潜江、仙桃一带仅发现很少的聚落。

孕育：长江中游文化格局的变化

屈家岭文化之前，长江中游地区分布的新石器文化系统可以归纳为六个大的版块。以两湖平原西南部的澧水中下游为中心的澧水版块，以沅水中上游为中心的沅水版块，以湘江中下游为中心的湘江版块，以三峡及周边平原地区为中心的峡江版块，以汉水东部地区为中心的汉东版块[1]，以汉水中游为中心的北方版块。

其中，澧水系统由彭头山文化、皂市下层文化、汤家岗文化、大溪文化构成，年代为距今 9 000～5 100 年；沅水系统由高庙文化、松溪口文化、高庙上层文化构成，年代为距今 7 600～5 500 年；湘江系统由黄家园类型、大塘文化、堆子岭文化构成，年代为距今 7 000～5 100 年；峡江系统由城背溪文化、楠木园文化、柳林溪文化、大溪文化、油子岭文化构成，年代为距今 9 000～5 500 年；汉东系统的考古学文化由土城下层遗存、边畈文化和油子岭文化构成，年代为距今 6 900～5 100 年；北方系统的考古学文化由贾湖一期文化、仰韶文化、朱家台文化或雕龙碑三期文化构成，年代为距今 8 500～5 100 年（表一）。

距今 9 000 年前后，彭头山文化在澧县环洞庭湖西侧的山前地带孕育而生。在之后长达 1 000 年的时间里，他们用支座撑起釜或罐煮饭，用盘盛装食物，将自己的活动范围限于澧阳平原的小区域内。然而，到了距今 8 000 年的时候，一些彭头山文化的先民走出洞庭湖西岸，开始"西北"之行[2]。他们越过长江，来到鄂西南的峡江地区，不断适应着当地的自然环境，形成了"城背溪文化"。

彭头山人不知道的是，在更遥远的北方，在黄河与长江之间的南阳盆地，也有一群跟他们年代接近的人。这里的人以三足钵、束颈罐、高领瓮、圜底钵等陶器为日常生活用具。从这些器物的风格来看，南阳盆地的这些人群的习俗更为复杂，很可能接受了黄河流域的老官台文化和裴李岗文化的双重影响[3]。

这个时期，广大范围的江汉平原腹地没有发现明确的考古学文化遗存，有学者推测可能与"云梦泽"的分布有关[4]。

彭头山文化晚期，衍生和发展出皂市下层文化。从二者的器物形态来看，尽管出现了一些新的器类，但皂市下层文化的大部分器物形态都来自彭头山文化，之前常用的釜、罐仍然可见。这些器类和形态的"变"与"不变"，说明彭头山文化向皂市下层文化的转变是文化传统的自然延续。

距皂市下层文化不远的沅水流域，活跃着一支喜好白陶、刻印繁缛图案和纹饰的考古学文化，名曰高庙文化。高庙文化独特的陶器风格，表现出了较强烈的宗教艺术因素，显示出这支考古学文化的精神信仰高度（图一三）。

距今	澧水系统	沅水系统	湘江系统	峡江系统	汉东系统	北方系统	东方系统
9 000	彭头山						
8 800							
8 600							
8 500				城背溪		贾湖一期	
8 400							
8 200							
8 000						裴李岗·老官台	
7 800		高庙文化					
7 600	皂市下层						
7 500							
7 400					土城下层?		
7 200							
7 000	汤家岗		大塘文化	柳林溪	边畈	下王岗一期	
6 800		松溪口					
6 600							
6 500							
6 400							
6 200	大溪		堆子岭	大溪	油子岭	庙底沟	黄鳝嘴
6 000		高庙上层					
5 800							
5 600							
5 500	油子岭			油子岭		仰韶晚·朱家台	薛家岗
5 400		油子岭					
5 200							
5 100	屈家岭					屈早、雕龙碑三期?	
4 800							
4 500							

说明:"屈早"为"屈家岭文化早期","仰韶晚"为"仰韶文化晚期"。

经过长期的并存,距今 7 000 年前后,高庙文化向皂市下层文化发起了强烈冲击,致使后者演变为汤家岗文化。考古学家的分析显示,皂市下层文化转变为汤家岗文化时,诸多因素不是自身演化而成的,而是吸收了大量的高庙文化因素。如汤

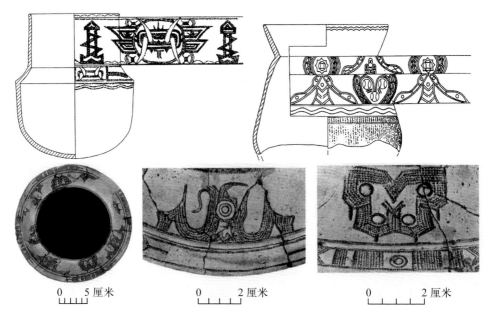

图一三　高庙文化的白陶和戳印图案

家岗文化的印纹白陶、纹饰复杂神秘的圈足盘、筒形罐等，都是高庙文化的制器风格[5]。而且，汤家岗文化风格的印纹白陶工艺远播至千里之外的长江下游，在安徽繁昌缪墩、浙江桐乡罗家角[6]等遗址都能够看到类似的器物。

皂市下层文化消亡后不久，高庙文化自身也演变为松溪口文化。在湘江流域，出现了以釜、双耳罐、碗、圈足盘、钵等圜底器和圈足器为组合的大塘文化。

同时代的剧烈转变还发生在峡江地区和遥远的南阳盆地。在峡江地区，城背溪文化转变为楠木园文化，后者受到洞庭湖地区汤家岗文化的影响演变为柳林溪文化。在南阳盆地，裴李岗·老官台文化发展为著名的仰韶文化，其进度与黄河中游的大变革几乎一致。

这个时期开始，曾受云梦泽制约的江汉平原腹地出现了先民的活动踪迹，点燃了汉东地区的第一缕炊烟。考古学家们先是在天门的土城遗址发现了一些线索，即"土城下层遗存"。但是这批遗存很少，也未见到正式的考古报道，所以无法获取更全面的信息[7]。与此同时，在江汉平原的北缘确认了使用釜形鼎、釜、钵、盆、碗的"边畈文化"[8]。其器物形态和制作风格表明，边畈文化的来源应该在南阳盆地[9]。换言之，距今 7 000 年前后，云梦泽范围缩小，江汉平原的北缘区域有了满足人类定居的条件，很可能来自北方文化系统或受北方文化系统影响的人群，在江汉平原落地生根、繁衍生息。

时光迁移，距今 6 300 年左右，洞庭湖和峡江地区的本土考古学文化发生了重大变革，其标志就是大溪文化的形成。在大溪文化早期，洞庭湖与峡江地区除了釜以及部分圈足器相似，其他相近因素不是很多。随着大溪文化内部的整合，圈足盘、圈足碗、器盖、豆、釜、筒形瓶等器物同时出现于洞庭湖和峡江地区，意味着两地的文化已整合成功，洞庭湖—峡江文化区业已形成。

除了对于鄂西南、澧阳平原的整合，大溪文化也尝试向东发展。现有的考古资料显示，他们明确抵达了汉江右岸，应实质控制了汉江以西的广袤地区[10]。无独有偶，在汉江东岸，边畈文化发展成为油子岭文化。早期以红陶为主，晚期以黑陶为主，鼎、彩陶碗、圈足罐、簋、附杯形耳圈足盘等为典型陶器组合。大溪与油子岭这两支考古学文化，在汉江两岸维持着长年的"对峙"，同时有着深度的互动和交流，双方的聚落中都能够看到对方风格的器物出现。

这一时期，仰韶文化进入更为强盛的时代，庙底沟式彩陶分布于南阳盆地的多个遗址，而且在大溪文化、油子岭文化的聚落中常常能够看到庙底沟风格彩陶，说明仰韶文化的影响十分深刻，也意味着周边的文化开始整体向长江中游扩张、传播。

距今 5 500 年前后，长江中游迎来了大变革时代，油子岭文化的红陶率先演变为黑陶，在谭家岭遗址二、三期之间能够明显看到这种变化[11]。因素之一可能是来自北方的仰韶文化和来自东方的薛家岗文化对长江中游发起的冲击，而油子岭文化所在的汉东地区恰是争夺的前沿阵地，所以能够在第一时间吸收大量的外来因素[12]。多方汇聚，促使油子岭文化迅速成长为两湖平原的强势文化。

他们试图打通江汉平原与南阳盆地之间的随枣走廊，在这里与仰韶文化发生碰撞，形成了"雕龙碑三期文化"[13]。与此同时，油子岭文化跨过汉水，持续向西推进。大溪文化在汉江西岸的沙洋、江陵等地经营的聚落或废弃，或被油子岭文化接手。以此为中转，油子岭文化南下越过长江，直指洞庭湖平原，彻底占据了城头山、划城岗、三元宫等重要聚落。但是，他们似乎并不满足，一支油子岭文化先民继续向南深入，到达沅江中上游，在怀化高坎垅建立据点[14]。很可能迫于油子岭文化的扩张压力，大溪文化收缩至枝江一带甚至三峡库区。尽管如此，油子岭文化的因素依然有所渗透[15]。

到油子岭文化最晚阶段，该文化西进势头不减，三峡范围内开始出现相对单纯的油子岭文化聚落[16]，大溪文化遗存则不再看到，意味着曾经辉煌的大溪文化土崩瓦解。不过，油子岭文化最终并没有完全占据三峡地区，因为他们遇到了来自峡西地区的哨棚嘴文化东扩的抵挡。两者在三峡库区交错分布，都留有居住区和墓葬[17]。

现在看来，形成于汉东地区的油子岭文化，直面东方，北击随枣，南下洞庭，西进三峡，占据了江汉平原、澧阳平原和三峡部分区域，实质上控制了长江中游的腹心地区——两湖平原，为后来屈家岭文化的崛起打下了坚实的文化整合基础。

温饱：粮食种植技术

稳定的粮食种植是社会发展的基石。彭头山文化是长江中游最早的新石器时代文化。彭头山遗址出土的陶片中羼杂有炭化稻壳和稻叶，距其不远的八十垱遗址则出土了近1万颗水稻遗存，说明水稻在当时是能够获取到的食物资源（图一四）。收获的水稻存储在干栏式的高架仓房内[18]。此外，八十垱遗址也发现了大量的野生植物，如菱角、芡实、豆类和多种果蔬；动物遗存则发现了鸟类、水牛、猪、鹿和鱼。动植物遗存的丰富程度表明，彭头山文化当时能够利用多种动植物资源，水稻可能并非唯一主食[19]。研究显示，这一时期的水稻尚处于驯化过程中，并非成熟的驯化稻，所以产量不是很高[20]，而且它们的种植技术也过度依赖自然环境。类似的现象还发生在同时期的南阳盆地，那里的八里岗遗址保持着稻作农业和野生

图一四　八十垱遗址出土的碳化稻和手工制品

植物采集并存的生业经济形态[21]。

在八十垱聚落西部的古河道近岸处，考古揭示了两道堆积较为特殊的土埂，大致呈平行走向。发掘者推测为"田埂"[22]，有学者进一步指出应为稻作水田所用[23]。这一遗迹位于河道近岸处，容易存储水稻生长所需的水资源，而且投入人工成本不高，是先民们在改造自然能力不强时的最优选择。不过，此类水田的稳定性不高，受洪水或干旱等气候因素影响较大。

城背溪文化的陶片中也可以看到稻谷痕迹，而且大量出土鱼、贝类以及水牛、鹿等动物遗存[24]，说明他们获取食物的方式与彭头山相差不多。同样，在皂市下层文化的多个遗址发现有炭化稻，胡家屋场还出土了莲藕、李子、山桃、樱桃和柿子的遗存。这里的动物遗存也十分丰富，有哺乳动物、鸟、鱼和贝类等，还发现有饲养的家猪[25]。

汤家岗文化的考古发现揭示了长江中游农业种植技术的新发展。城头山遗址不仅出土了汤家岗文化的水稻颗粒，而且在遗址东部发现了明确的水稻田。这片稻田借助三条田埂形成两块长条形田地，而且经过多次耕种。考古现场的观察发现，这片稻田在较低凹槽上耕种，两侧保留田埂，待耕作土逐渐将凹槽积累到与原生田埂齐平时，很快加高原田埂，堆垒成新的田埂。实验室的分析显示，稻田土样中的稻叶和稻谷硅质体含量均高于现代水田，同时在土样中还拣选出炭化稻谷、竹叶、田螺等水稻田中常见的动植物标本[26]。

更让人惊叹的是，这片稻田形态完整，还设有与稻耕配套的灌溉设施，有蓄水坑和水渠。尽管这些灌溉设施停留在最原始的收集雨水的阶段，但利用和控制农田用水的机制，多次加固田埂以保水固田的做法，与南方现在农村的做法非常接近，表明当时已经掌握了比较完善的稻田农业技术[27]。可能得益于水田管理技术的提升，大溪文化时期，食物资源主要来自稻作生产，野生资源在生业经济中的比重变得非常低。

从彭头山文化到大溪文化，水田似乎都是利用沼湖、池塘、河道等自然洼地稍加改造而成的[28]。不过从农业种植技术的角度来看，汤加岗文化开创了更为先进的控水储水、加固田埂保水的做法，反映了长江中游先民在水稻种植方面的技术飞跃。

有意思的是，植物考古学家在汤家岗文化的壕沟里找到了一些栽培粟果实，即我们常说的小米。粟最早出现在中国北方地区，是一种旱作植物，直到今天农业也呈北粟南稻格局。至于汤家岗人种植粟的原因，有研究者推测，人们为了应对食物不足，开发利用了不适于水稻生产的旱田。粟的出现，不仅意味着当时已经形成了空间广泛的农业技术或农作物交流圈，而且稻粟混合的经济方式能够在很大程度上提高先民抵抗自然灾害的能力。

这种混合经济方式在南阳盆地表现得更为突出，八里岗仰韶文化遗存中，稻、粟、黍在当时的作物结构中所占的比重大体相当，呈现出明显的混作特色。不过，植物考古学家对出土的杂草分析结果表明，当时遗址周边的生态环境可能以旱地和荒地为主，水田和湿地非常有限[29]。淅川、郧县境内多处遗址的植物浮选结果也显示出稻、粟、黍混作的农作物组合模式，旱地作物亦占有较为明显的优势。

南阳盆地以旱作物为主体生业，与两湖地区以水稻种植为核心的方式有着明显的区别。众所周知，水稻种植和维护的技术难度要高于粟、黍等旱作物，单位面积的产量也要高于后两者。一旦攻克控水保水的技术难点，如果再有稳定的种植环境，那么水稻在食物资源供给方面的优势不言而喻。

定居：村落·环壕·城址

稳定的农业生产促进聚落形式的不断优化，探索合理的聚落模式，以最大程度维护稻作生产，是两湖先民永不停歇的追求。

已有的发掘和调查显示，彭头山文化的聚落绝大多数位于岗地之上，而八十垱遗址是其中唯一一处平原型遗址。长江中游是多雨的，岗地可以防洪，平原则常常面临水患。在长期的摸索中，彭头山文化的先民在八十垱修建了东亚大陆迄今发现最早的土围和环壕，考古学家称其为环壕聚落（图一五）。最初较矮的土围仅是在环壕一侧堆积挖壕所出的土，后来在对壕沟的疏浚清淤过程中，有意识地把开挖新

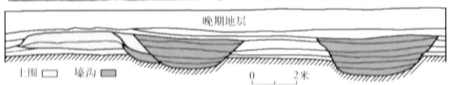

图一五 八十垱遗址壕沟和土围遗迹解剖

沟的土方集中堆于原土围之上，但最终高度未超过 1 米，应该不具备防御敌人的功能[30]。有学者已经指出，环壕聚落的优势十分明显，一是靠近河岸有利于就近取水，二是能够利用壕沟向聚落外排水，三是开挖深沟降低附近居住面的地下水位以改善居住环境[31]。无疑，八十垱环壕和土围是彭头山文化先民的勇敢尝试，他们迈出了从岗地到平原的坚实一步，从而增加了聚落选择的形式，为今后更大范围地改造自然环境积累了宝贵经验。

在彭头山文化挖沟围土、尝试改造自然的时候，峡江地区的城背溪文化则采用多种策略适应自然环境。考古发现的城背溪文化聚落一般较小，而且位于不同的地理构造单位上，有的坐落在山上，可能是洪水季节的聚落；有的在海拔较低的长江边，可能就是季节性营地，雨季被淹没，长江水位下降时可捕捞水生动物和其他资源[32]。

彭头山文化、城背溪文化不同的聚落形式，其实反映了先民们两种不同的生存策略：改造与适应。二者并无优劣之分，但在人口增长、自然资源供给不足、活动范围扩大的情况下，彭头山文化式的"改造"，无疑是人类能够做到的最大努力的选择。之后皂市下层文化、汤家岗文化时期，彭头山文化发明的壕沟加土围的传统继续沿用，胡家屋场、汤家岗、城头山等遗址莫不是如此。在壕沟取土、土围加高的多次建造实践后，终于在大溪文化早期，城头山遗址率先在汤家岗文化环壕的基础上修建了城垣和外壕[33]，形成了我们所说的"城"（图一六）。这也是东亚大陆迄今发现的最早的城址。因为有城有壕，故有了"城壕聚落"的称呼。

古城非一日建成，需要在选址规划、人力调动、资源保障等方面有着强大的控制力。古城的出现意味着长江中游史前聚落形态进入到新的阶段。

在洞庭湖西岸的城头山人堆筑起高拔耸立的城垣之时，边畈遗址营建起了汉东地区第一个大型聚落，面积达 30 万平方米[34]。而且最新的调查表明，该聚落很可能具有复杂的环壕设施[35]。边畈之后，油子岭人在距离汉江更远的天门修建了汉东地区第一座城，即龙嘴城。该城平面近圆形，地处临水高地，三面环湖，一面为壕，取水与防御并重（图一七）。不久，龙嘴城被废弃，油子岭人很快在石家河遗

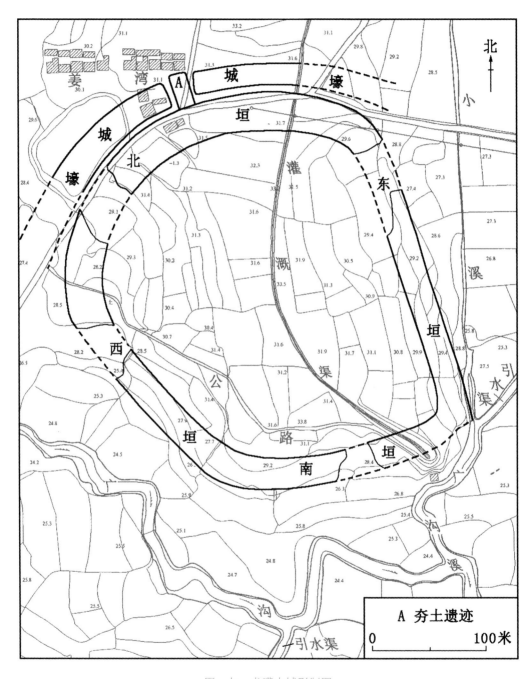

图一七　龙嘴古城形制图

图一八　谭家岭古城发掘现场

址的谭家岭营建了面积达 26 万平方米的谭家岭古城（图一八），其为当时长江中游最大的城，展现了汉东地区的最早荣光。

从壕沟到城壕聚落，洞庭湖西岸的史前先民经历了从彭头山文化到大溪文化近 3 000 年的探索与尝试，汉东地区则从边畈文化到油子岭文化的 1 000 年时间内实现，并且营建了当时规模最大的谭家岭古城。这一加速度的发展，应该是各种因素综合的结果，但洞庭湖西岸积累的筑城挖壕经验是其技术基础。

城壕聚落的修建不仅能够防人御兽，而且大型沟渠能够满足引水灌溉、储水生活等多类需求，从而为稻作社会提供稳定的环境和充裕的水资源。此时，城壕聚落在两湖地区的陆续出现，尤其在汉东地区的加速修建，表明城壕作为水资源利用和管理的关键技术得到了推广。然而，这一时期城壕聚落处于技术实验阶段，数量仍然较少，普及程度不高，其建设仅着眼于自身聚落的维护，没有形成体系化的设计。

另一方面，在油子岭人向洞庭湖地区发起的反向冲击的过程中，城壕则能够发挥"军事堡垒"的功能，有效防止旧文化的反弹。

产业革命：制陶技术的飞跃

东亚地区迄今最早的陶器见于南岭的江西万年仙人洞遗址，测年数据为距今2万年左右[36]。之后，处于南岭中心带的湖南道县玉蟾岩（图一九），广西桂林大岩、甑皮岩等遗址都发现了距今万年前后的陶器。它们距离洞庭湖西岸不远。近年来，在彭头山文化核心分布区的澧阳平原，华垱、宋家岗遗址出土了万年前的陶片[37]。这些早期制陶经验，为彭头山文化的陶器制作奠定了良好的技术基础[38]。

图一九　玉蟾岩遗址出土陶器

彭头山、城背溪文化延续了南岭地区早期制陶的主流技术，主要采用泥片贴塑的方法制作陶器。该技术将陶泥做成泥片，根据器形的特点，将泥片捏成不同形状，依次粘贴在一起形成初坯，所以个体差异明显。如，口沿往往厚薄不均，唇部不够平整，器身也不对称，有的器物口部斜歪。制作陶器选用的泥料，应该是就近取得的黏土，经过简单处理，在和泥过程中放入稻壳、稻秆、植物茎叶、碳屑或细砂等多种物质作为羼和料，防止陶器在烧制和使用过程中出现爆裂的情况[39]。

到皂市下层文化时期，尽管依然使用泥片贴塑技术，但原料方面出现了显著变化。羼和料种类变少，夹砂陶比例明显上升，而且陶胎较前期细腻纯净，说明存在较精细的洗泥过程[40]。装饰较前期更为丰富，绳纹之外，镂空、刻划纹使用广泛。年代接近的高庙文化则使用精美繁缛的刻划纹、戳印纹表达深邃的精神世界。对烧制温度要求较高的白陶的大量使用，意味着当时的窑控技术达到了一定水平。这一时期，陶器口沿更加圆整规范，有明显的轮线痕迹，说明出现了轮车装置，加入了慢轮加工的工艺，提高了成型、修整和装饰的效率。

值得注意的是，汤家岗文化白陶继承了高庙文化复杂而诡异纹饰的表达手法。无论在构图还是空间分割上，都非常整齐和讲究。有的更在器底装饰八角星和星芒纹等复杂纹饰；有的则不厌其烦地装饰各种细微的指甲、篦点和刻划纹饰，几乎是通体装饰；更有甚者，借助模印，多层施纹，形成类似于浮雕的纹样。如此复杂的构图设计和装饰技术，无疑会消耗陶工大量的心力，需要成熟的经验手法。

尽管如此，在陶器成型方面，汤家岗文化出现了一些新的技术发展。制陶的主流不再是用泥片贴塑成型，而是将泥料搓成泥条，再按照口底顺序盘筑为初坯，结合拍打、滚压和慢轮修整等方式，使泥条结合紧密，实现不易渗水、不易破碎的最佳性能。其实，从泥片到泥条有着漫长的演变过程。早在城背溪文化时期，尽管泥片贴塑为最主体的方法，泥条筑成法已有零星使用。经过汤家岗文化的发展，到大溪文化早中期阶段，几乎所有器类使用了泥条筑成法，大量的瓶、盆、罐等器物都以泥条为基本素材[41]。

随着泥条筑成法的广泛采用，以圆形规则盘起的泥条坯体与轮盘搭配使用更加密切，慢轮修整技术得到不断提升（图二〇）。制陶者通过改良慢轮的结构，提高轮盘的转速，终于摸索出了快轮拉坯制陶的技术工艺。大致相当于大溪、油子岭晚期，陶工们就可以将一整块泥料放在轮盘上，用木棍或脚蹬转动轮盘，利用快速转动的向心力将泥料提拉成所需要的器形（图二一）。快轮拉坯制作的陶器不仅壁薄、均匀、美观，而且最为关键的是生产效率要高于以前的所有技术，是制陶技术史上的划时代突破。直到现代，陶瓷品也多采用快轮拉坯成型。

除了油子岭文化之外，长江下游的崧泽文化、黄河下游的大汶口文化也是快轮制陶技术的起源地[42]。从东部沿海到长江腹地，这三个考古学文化的分布空间犹

图二〇　利用慢轮制陶

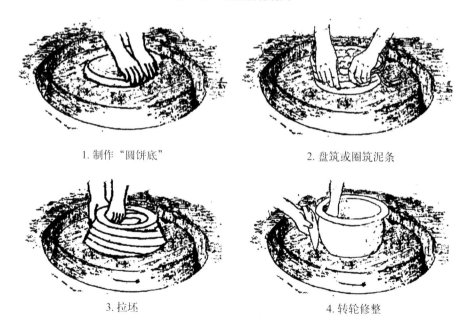

1. 制作"圆饼底"　　　　　　　　2. 盘筑或圈筑泥条

3. 拉坯　　　　　　　　　　　　4. 转轮修整

图二一　陶器制作流程示意图

如新月，我们称之为"新月形地带"[43]。尽管已无法还原快轮制陶技术产生的全部背景，但社会需求应该是催生该技术的强大动力。

在长江中游，最为突出的、可观察到的联动变化就是在快轮技术起源阶段，墓葬中随葬陶器数量的显著增加。一项关于大溪遗址大溪文化墓葬的研究显示，早期墓葬以随葬生产工具为主，而到晚期生产工具数量明显减少，陶器数量急剧增加，成为主要随葬器物[44]。从统计数据来看，早期墓葬中出土的陶器，占所有出土器物的 9.8%，而晚期则高达 57.5%。如此剧烈的变化在油子岭文化腹地表现得更为明显。位于荆门市的龙王山遗址，出土了油子岭文化晚期墓葬 203 座，随葬品以陶器为大宗，仅 M11 就出土陶器 154 件，M132 更是随葬了 200 余件陶器[45]；同时期的屈家岭遗址，出土的墓葬随葬品也以大量陶器为主[46]。这些陶器形制、大小相近，应是专门用于随葬的明器，体现了较高的标准化程度和生产效率。

在快轮设备的支撑下，陶工们开始追求更为精良的产品，厚度不足 0.5 厘米的蛋壳薄胎陶器被研制发明。油子岭、大溪文化的多个聚落都能够看到精美的蛋壳薄胎陶器（图二二）。技术的改良也意味着效率的提升和产量的扩大，规模化生产进一步推动了当时社会的发展，陶器的"产业革命"已然来临。产业革命下的规模化生产，使陶器在数量上具备了更充分的流通和使用条件。

炉火传奇：窑业技术的发展

陶器是史前先民最重要的生活用具之一，而陶窑是将土变为陶的最关键设施。除了烧制陶器之外，长江中游的一些陶窑还发现有烧制红烧土块的现象，而红烧土块是当时房屋建筑的重要材料，因此长江中游地区窑业技术是社会运行的重要组成部分。

史前陶窑的结构一般包括燃烧、烧成、排烟三个部分，其中燃烧部分产生并传送热能，包括火门、火膛、火道；烧成部分负责陶坯与热能的接触，具体的设施称

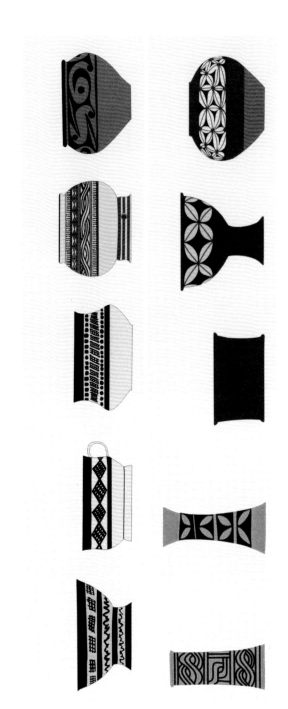

图二二　长江中游大溪文化时期的彩陶纹样

（改自王红星：《屈家岭——长江中游史前文化》，文物出版社，2007 年）

为窑门、窑室、窑床或窑箅；排烟部分包括排烟孔、烟囱。由于史前陶窑体积相对较小，火门、排烟孔、窑室顶等部位常常保存较差，在考古实践中最容易发现的是燃烧燃料的火膛和放置陶坯的窑底。据此，长江中游地区史前陶窑可分为同穴窑、竖穴窑和横穴窑。

顾名思义，同穴窑指的是火膛与窑室共为一穴，考古发现见到的"烧土坑"很可能就是同穴窑；竖穴窑中，火膛位于窑室底部，二者上下叠置，中间以窑箅间隔；横穴窑窑室与火膛在平面上前后并列。从性能上看，燃烧和烧成同室操作的同穴窑，是陶窑初创阶段的产物；而横穴窑、竖穴窑将膛室分离开来，在很大程度上保证了窑室的热能供应，提升了陶窑的整体性能。

很可能与黄河流域的窑业历程相近，一次性泥质薄壳窑或烧成坑都应是陶窑的最原始形态。我们在一些遗址中见到的红烧土遗迹或许就与此有关，而且它们都应属于广义上的同穴窑。由于考古资料的残缺性，我们很难判断烧成坑或相关遗迹在作为陶器烧制使用时是露天抑或封顶，但至少在大溪文化中期的长江中游地区，已出现明确意义上的同穴窑，应该是能够得到田野考古支持的。位于澧阳平原的划城岗遗址，大溪文化中期的一座陶窑就是在烧成坑的基础上加入了一些改良，设置了火门和排烟道，并在火膛外围、窑壁内侧修筑了一周平台，与火膛产生高差作为窑床（图二三）。需要注意的是，同类窑在黄河流域的裴李岗文化中就有发现，在年代上要早于长江中游地区。这些考古信息表明，长江中游地区同穴窑的发生要晚于黄河流域。然而，由于资料相对较少，尤其是缺乏中间区域陶窑的发现，目前很难判明长江中游地区的同穴窑是独立发生的，还是受到了来自北方的影响。

自此，长江中游地区开启了窑业技术的演变之路。研究显示，在大溪文化时期，同穴窑和横穴窑占据相近比例；但至屈家岭时期，这一现象显著变化，同穴窑急剧减少，横穴窑成为主流；到石家河时期，几乎全部为横穴窑，但出现了极少量的竖穴窑。

不同结构陶窑之间的替代变化，代表着陶器烧制技术的变革。大溪文化时期，同穴窑以及相对较为先进的横穴窑共存，似乎意味着长江中游地区的窑业技术正处

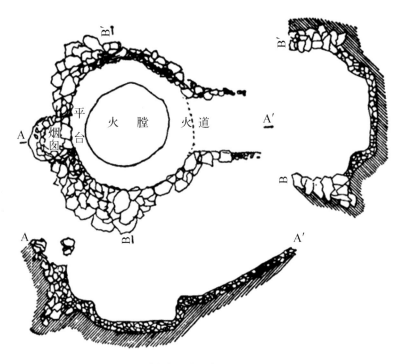

图二三　划城岗遗址出土大溪文化陶窑

在新老交替的变革期。这一时代特征在单个陶窑的形制上也有所体现。例如，城头山遗址 Y10 的火膛与窑室在平面上并列（图二四），二者相通且宽窄相近、底面持平，好似位于同一竖穴土坑的两端，而且与前述同穴窑一样，火膛、窑室一周较中央高，可充当窑床；颇有意思的是，在火膛和窑室之间存在一道黄土隔梁将二者区分，中间有一小窄段缺口，或充当火道。无论从形制上还是从结构上看，此窑与同穴窑神似，唯有黄土隔梁的出现，表明其膛、室是分离的，应是简易的横穴窑。所以该窑展现了同穴窑向横穴窑转变的最初形态，是时代背景下窑业技术变革的一个缩影。

　　建造方式是窑业技术发展程度的一种体现。从划城岗、城头山遗址的出土资料看，大溪文化的陶窑先在地面挖掘土坑作为窑室和火膛的下半部分，上面用大块红烧土块垒起，有的火膛、窑室乃至烟道都用红烧土块筑造。从筑造方法来看，采用

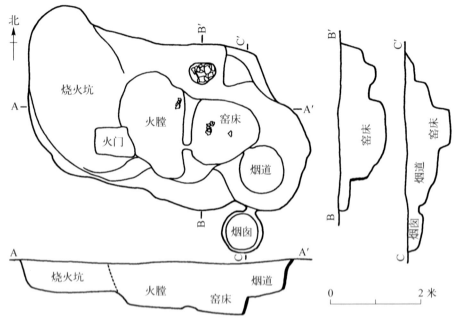

图二四　城头山遗址 Y10 平剖面图

红烧土块垒筑的方法是澧阳平原大溪文化的独创，是大溪先民对于中国窑业技术发展的又一贡献。

此外，考古发现表明，大溪文化时期长江中游区域内窑业发展水平并不均衡。位于江汉平原和澧阳平原的大溪文化，以竖穴窑最多，只有少量的横穴窑；而同时期的汉水中游地区，由于处于仰韶文化的势力范围，则普遍使用了较为先进的横穴窑，其形制和建造方式似乎也较大溪文化的同类窑规整。火道是窑业技术在长期实践中的必然产物，是检验烧陶控温技术的重要指标。它的产生和改良，说明陶工对于窑火运用达到了新的水平。大溪文化时期横穴窑的火道主要有环形、U 形和全火道，其中环形和 U 形火道主要见于汉水流域，且数量较多，而全火道横穴窑在澧阳平原和汉水流域都有发现。"全火道"无结构性的导火沟槽，可能为火道的较原始阶段，它的分布也从另一角度印证了大溪文化时期长江中游地区窑业技术发展的不均衡。

考虑到两大文化曾存在一定范围内的交流现象[47]，所以从文化传播的角度推测，长江中游内部或许存在一定程度的窑业技术交流。而江汉平原是澧阳平原与汉水中游交流的关键通道，有可能率先学习并整合了二者较为先进的窑业理念。

由于相关现象的缺失，难以对无窑烧陶的遗存作出明确判断，但可能与之相关的大量红烧土遗迹常常散布于遗址内，或许意味着专门的窑场尚未出现，陶器的生产规模仍较小，烧陶的时间可能也是不固定的。

研究显示，大溪文化、油子岭文化出现了专门的陶窑群甚至窑场（图二五），且已经与居住区、墓葬区分离，并且相对而言靠近居住区而远离墓葬区。同时，窑场范围内附属设施完善，能够独立完成陶器生产的整个过程。例如，在城头山

图二五　屈家岭遗址出土的油子岭文化陶窑

遗址发现了集中分布的陶窑，除此之外还有料坑、泥池、贮水坑、修整台以及灰沟、工棚等相关设施，构成了完整的制陶区[48]，能够完成陶器生产的所有程序。而在长江中游地区偏北部的仰韶文化遗址中，尽管也发现了集中分布的陶窑，但考古发掘中并未发现相关附属设施，如果参照同文化其他区域的遗址，则可以发现存在着制坯作坊与陶窑分处两地的情况[49]。这些现象很可能意味着大溪文化与仰韶文化的陶器生产方式存在着不同，前者全部在专门的窑场内进行，而后者则很可能将制坯与烧造的场所分离开来。

更进一步来看，制坯与烧造的位置差异，似乎表明陶器生产单位和规模亦有不同。二者分处两地的布局特征，或说明陶器的生产环节中具有明确的劳动分工，制坯与烧造可能为多人完成，甚至"全民参与"，而且生产规模不大，专业化程度和生产效率相对较低。相反，具有完善设施的窑场的出现，说明先民对于陶器生产的规模和效率都有较高要求，陶器生产中或许已经出现特定的陶工，抑或负责生产的就是聚落内部某一具有制陶技能的独立的经济单位。

同窑烧制的产品是否分类也显示出专门化程度的高低。仰韶文化陶窑烧制的产品未见分类现象，往往同窑烧造多类器物。与之不同的是，大溪文化出现了明确烧造某一类器物的陶窑，有的专门烧造陶支垫，有的专门制作红烧土块。由于当地多流行圜底器，陶支垫一直为使用频繁的器物；使用红烧土块铺垫房屋、活动场所是该区域惯用的建筑模式，所以二者的需求量极大。专属陶窑的出现反映了人们对特定产品的强烈需求，也由此促进了陶器生产专门化程度以及生产效率的提升。

不过，大溪文化的制陶者未必是完全独立的手工业者，工匠们或许没有连续从事陶器生产活动，这表现在一些陶窑的使用频率较低、间隔周期十分漫长。例如澧县城头山遗址个别陶窑建于大溪文化二期，到大溪文化三期才废弃，但地层学显示这些陶窑在两大时期分别只使用过数次，且烧制的都是最为常见的生活用器[50]。烧制陶器必用陶窑，在如此长的时期内，使用频次如此之低，似乎反映了陶工们可能只是间歇性从事陶器生产。

信仰：仪式空间的演变

作为具有象征性和表演性的行为方式，仪式展示了人类的群体思维。几乎所有的仪式性活动都需要能够体现思维的载体和物质空间，它们的物化特征，即场所、方式、用具等，恰是考古学分析的对象。田野发掘中获取的大量仪式性活动遗存，为我们观察前屈家岭时代人们仪式空间的演变提供了较为丰富的资料。

彭头山文化时期，八十垱聚落修建有一座特殊的高台建筑，栽立中心圆柱之前应该举行过隆重的奠基活动，而且类似活动在挖建壕沟时也开展过。不过，彭头山的仪式性活动似乎较为朴素，高台建筑能否作为专门的仪式空间，仍不可知。这与沅水流域的高庙文化明显不同。高庙遗址的考古发掘发现了盛大的祭祀场所。它地处聚落的台地顶部，面朝沅水，规模达 1 000 平方米，由主祭场所、祭祀坑以及附属建筑组成，且按南北中轴线布局。使用的大量带有神秘纹饰的白陶器，很可能是人们在仪式性活动中传递心愿、实现人神沟通的"法器"。

特殊的仪式性活动场所在汤家岗文化也有发现。丁家岗遗址出土了数十处祭祀坑和多座祭坛组成的仪式性活动场所。这些祭祀坑内分层埋葬大量遗物，除了陶器，还有有意放置的很多动物骨骸[51]。

大溪文化时期，祭坛与祭祀坑构成了城头山聚落的重要仪式空间（图二六）。数十座祭祀坑内的祭品各不相同，有陶器、大型动物肩胛骨、腿骨，还有焚烧过的稻米等。祭坛之上出现了祭祖石现象，且经过多次加工维护，说明使用频繁。祭坛紧邻墓地、远离居住区，紧靠稻田、挖坑焚米。这些空间现象，反映出如此庞大的仪式性遗存可能与祭祖、祈谷、祭农的活动有关。在堆筑城墙的土层之间，发现埋葬有成年男性的特殊土坑，有学者从葬式角度推测可能为城墙奠基时的外族牺牲[52]。

从仪式空间的角度来看，高庙文化、汤家岗文化、大溪文化都设置有专门的祭祀场所。这些场所的修建和维护都需要投入大量的人力、物力并予以有效组织

图二六　城头山遗址祭坛与祭坑

管理。以集体目的修建的特殊建筑、祭坛、祭祀坑等遗存，是意识形态的物化展示，代表着仪式性活动已经达到一定的规模。然而，这种规模似乎仅限于聚落内部或邻近的区域，尚未形成同一考古学文化共通的信仰体系。在城头山大溪文化设祭坛、祭祀坑之时，峡江地区的大溪文化却很少发现同类型的现象。尽管监利柳关[53]、江陵朱家台[54]等大溪文化聚落能够看到所谓的祭祀坑，但坑内物品为单一的陶器，而且至今未发现明确的祭坛遗迹。其仪式要素不成体系，无法与城头山相比。

汉东地区的边畈文化、油子岭文化早期的聚落中，目前都未发现固定的祭坛。不过，至少在油子岭文化晚期，汉东地区出现了明确的、临时性的仪式性活动遗存。在荆门屈家岭遗址，常常能够发现两碗相扣或带盖贴埋于地下。近年来，更是发现了七组扣碗（图），分别填埋于坑状堆积之中，上下均为地层，且层位一致，间隔分布于5米×5米的一座探方内，共同构成了反"Z"字形状。

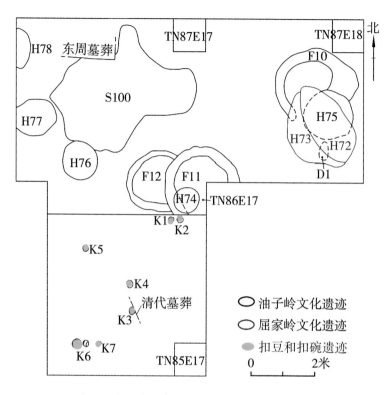

图二七　屈家岭遗址油子岭文化扣豆和扣碗遗迹分布图

与扣碗（豆）遗存的层位关系一致，紧邻反"Z"字的东北端，则分布有H74（图二七）。该坑容积不大，坑内填土中包含有大量草木灰和零星红烧土颗粒。坑内的器物和碎陶片分层摆放，出土位置集中，且陶鼎均为倒扣状。H74内仅完整器及复原器物就达29件，明显高于一般灰坑的出土物数量，且出土陶器多为黑陶、黑灰陶和磨光黑陶，造型规整，胎壁薄匀，体现出了较高的制作水平。发掘者认为该坑与扣碗（豆）"可能为同一组遗存，或与祭祀活动有关"[55]。从分布情景来看，扣碗（豆）与H74均开口于地层之下，打破相关地层，而且H74还打破了周边的房屋建筑，说明扣碗（豆）和H74的形成发生于周边房屋废弃之后，或许跟土地平整活动的某种仪式有关。从堆积特征来看，这批遗存为单次活动所留，并未看到油子岭文化固定的仪式空间。

仪式性活动的举行，体现了人们对祖先、对自然、对神灵的原始信仰。以祭坛、祭祀坑为组合的固定仪式空间，能够强化聚落内部的团结，更好地推动公共利益的落实。洞庭湖西岸历经数千年的发展，在屈家岭文化诞生的前夜已经形成了较成熟的信仰行为，但汉东、峡江等地区仍体现为小规模的祭祀活动，聚落中也没有看到祭坛类的固定仪式空间。而且，无论是积淀深厚的洞庭湖西岸，还是刚刚起步的汉东地区，信仰与祭祀都局限于社群内部和周邻聚落，跨区域的、共通的信仰体系尚未形成。

他山之"玉"：域外文化的影响

长江中游以长江通道沟通东西，以汉江、沅水、湘江等连接南北，与域外考古学文化保持着密切的联系和互动。有学者已经指出，彭头山文化的圈足器可能受到了长江下游的影响[56]。在此之后，皂市下层文化对长江下游跨湖桥文化产生了明显冲击。跨湖桥文化的釜、钵、圈足盘、曲腹罐、双耳罐等器物形态，与皂市下层文化相似。有学者甚至认为，跨湖桥文化是皂市下层文化移民所致[57]。

高庙文化则越过南岭，抵达珠江三角洲地区，对咸头岭文化的形成起到了重要的推进作用[58]。汤家岗文化的印纹白陶不仅影响到岭南，还在汉中盆地的龙岗寺[59]、赣鄱水系的拾年山[60]、长江下游的罗家角[61]等遗址留下了痕迹。高庙、汤家岗文化的獠牙兽面、八角星纹在稍晚的大汶口文化陶器以及良渚文化遗存中亦有表现。尽管我们对于高庙、皂市下层、汤家岗等考古学文化向外传播的动因和方式不甚明晰，但相同风格的器物和图像出现于黄河、长江以及华南的大范围区域，足以说明二者的外扩型特征。

与洞庭湖区几支本土考古学文化向外传播不同，峡江和汉东系统在柳林溪文化阶段就开始吸收老官台文化李家村类型的因素[62]，汉东地区边畈文化则直接来源于中原地区。以洞庭湖和峡江地区为主体范围的大溪文化，在与外界的交流中呈现出双向互动的特点。仰韶文化彩陶多次出现于大溪文化聚落，留下了彩陶南传的痕迹[63]，而大溪文化自身则向华南持续输出，并积极与中原地区互动交流。

汉东占据了两湖平原的核心区块，直面东方，北接中原，较峡江和洞庭湖地区更容易受到域外考古学文化的影响。油子岭文化时期，黄河流域发生了重大事件：海岱地区的大汶口文化持续西进，对郑洛地区原有文化系统造成了强烈冲击，进而形成秦王寨文化[64]。该文化在与大汶口文化的争夺中加速向南发展，对南阳盆地、随枣走廊以及汉东地区的本土文化开展渗透。天门谭家岭油子岭文化晚期遗存中就能看到网格纹等秦王寨文化风格的彩陶纹样[65]。大汶口文化在直逼中原的同时，对汉淮流域也造成了影响，南阳盆地的仰韶文化聚落中就发现了大汶口文化的因素[66]。有学者认为南阳盆地的仰韶文化为屈家岭文化的形成贡献了主体器物[67]。后来屈家岭文化的尊形杯、斜腹杯、小罐、浅盘豆等，都能够在大汶口文化中找到同类或形制接近的器物。

东部的薛家岗文化与油子岭文化互动频繁。在二者接触的鄂东地区，常常能够看到油子岭文化的墓葬里出土薛家岗文化遗物的现象[68]。油子岭文化墓葬以鼎、豆、壶为组合，而类似的器物群是薛家岗文化墓葬的基本特征。同样，伴随着油子岭文化晚期在长江中游的扩张，薛家岗式的朱绘石钺、多孔石刀等彰显威严的用具时常出现在油子岭文化新占据的区域。因此有研究显示，油子岭文化受到了长江下游文化的重要影响，甚至大溪文化的解体是长江下游等东方势力的介入所导致[69]。

关于屈家岭文化的形成，崛起于汉东地区的油子岭文化是其主体来源，蛋壳薄胎陶、三足形器盖、小鼎、塔形盖等器物形态都能够看到从油子岭文化向屈家岭文化自然过渡的现象[70]。然而，屈家岭文化的双腹器、高领罐、壶形器、盂形器等在油子岭文化并无准确来源。目前的考古资料似乎也不足以对此问题作出明确且系统的解答，而且屈家岭文化存在多个地方类型，每个地方类型的文化来源也未必统一。一个较为合理的解释是屈家岭文化在继承本地油子岭文化基因的基础上，吸收并改造了来自北方和东方的文化因素，形成了全新的考古学文化。很可能在多方考古学文化的共同影响下，油子岭文化在两湖地区表现出摧枯拉朽般的席卷态势。

文化整合促进发展，修建城壕应对水旱无常，稻粟同作强化减灾应变，信仰空间维护部族团结，域外文化成为新鲜活力。多个核心区域几乎同步迈入屈家岭文化，长江中游文化进程一体化局面即将来临。

第三章

界标：屈家岭文化古城网络的形成

　　长江中游地区进入屈家岭文化时期之后，文化发展和聚落演变出现了新的形式，形成了新的格局。其中最显著的表现是聚落数量剧烈增加，大规模的城壕聚落拔地而起。

　　目前还没有针对整个屈家岭文化聚落数量的准确调查，局部地区和行政单位的普查数字或许能提供一些信息。如，鄂东北孝感地区8个县在20世纪70年代末的系统普查中发现屈家岭文化遗址60余处[1]；鄂中荆门地区则发现这一时期的遗址18处[2]。实际上遗址的数量要比这些数字多得多。对澧阳平原的调查相对系统，发现屈家岭文化时期遗址60余处[3]。从这些数据可以看出，在两湖平原和周围山地的交接地带，大致相当于一县的范围内，就有至少20处屈家岭文化遗址，有的地方则多达60处。有学者据此保守估计这个时期的遗址数量或可达千处[4]。

　　从聚落形态的角度，屈家岭文化的聚落包括有城垣围绕的城址、壕沟围绕的环壕聚落、垣壕均没有的普通聚落。目前所知的屈家岭文化大型聚落多有宽大的环壕，是典型的环壕聚落；在环壕内侧设置有高大城垣的，则是我们常说的城址。二者并称为城壕聚落。需要说明的是，本书所言的"城""古城"等概念与"城址"等同，且与现代汉语的"城市"有所不同。前者以是否有城垣为判断标准，是对考古物质遗存的表述；后者是相对于乡村而存在的，以人口集中、社会阶层和产业分工的复杂化、具有一定地域内的政治、经济和文化中心的职能等内在属性为判断依据的。因此，并非所有的"城市"都是拥有垣墙的"城址"，也并非所有拥有垣墙的"城址"都是城市[5]。

考古研究显示，随着屈家岭文化的崛起，长江中游地区的社会结构发生了巨大的变化。社会的复杂化、等级化不断深入，以至于居住方式、社会精神文化也发生了变迁。这些变化在考古遗存中都有不同程度的反映，其中聚落形态的变化尤为明显，最为突出的特征则是史前城址如雨后春笋般出现。

迄今的考古发现表明，屈家岭文化之前，长江中游地区的史前城址仅城头山、走马岭、谭家岭、龙嘴等几处。屈家岭文化时期，筑城运动大为兴盛，城址数量猛然增加，史前城址群蔚然壮观。

据观察，距今5 000～4 500年，新石器时代的城址群集中分布在两大区域，分别为河套及陕晋高原诸石城和长江中游的屈家岭文化城壕聚落群，前者整体上晚于后者[6]。中原及邻近地区在仰韶时代晚期西山昙土城址昙花一现后乏善可陈，直到龙山时代后期才出现了城壕聚落群。从设防形式看，北方石城注重墙垣，而屈家岭文化垣壕并重，独具特色，是彭头山文化环壕、土围技术在数千年后的集中升华。

发现古城：石家河的"偶遇"

在20世纪五六十年代发现和确立屈家岭文化之后，学界开展了多方面的研究，但是当时对屈家岭社会发展程度了解得并不是十分清晰。70年代末，随着黄河流域多座史前城址的发现，学界开始认识到新石器时代即已出现城邑。而城址作为当时政治经济加速发展的"结晶"，是人类社会迈入文明阶段的显著标志，很自然地成为探索文明起源的有效案例和关键"钥匙"。这一时期，区系类型、多元一体文明格局等理论框架的提出，激发了人们对不同区域史前文明的探索热情。

其实，早在1979年，文物考古工作者就推测湖南澧县城头山遗址是一座古城，但因为没有经过系统的考古发掘，不能确定其年代。一年之后，考古工作者又在城墙断面中发现了大溪文化和屈家岭文化陶片，进一步推测其很可能是屈家岭文化时期的古城，但同样因为没有经过科学的发掘，这些陶片与城墙筑土之间的关系不能得到确认，城墙的时代仍然存疑。而且，当时史前古城发现不多，且主要集中在黄河流域；加之传统观念认为长江流域文明的出现要晚于黄河流域，因此当时大多数学者对于长江流域的新石器时代文化是否达到了修筑古城的发展高度，仍持谨慎态度。

1987 年，由著名考古学家严文明担任考古领队，北京大学、湖北省文物考古研究所和荆州博物馆联合组成的石家河考古队，对天门石家河遗址进行了大规模的考古工作。石家河考古队从最初组建就设立有明确的学术课题，以揭示江汉平原史前文化的面貌、发展过程和聚落形态等为目标。在石家河遗址工作期间，考古队踏查了遗址的每一寸土地。1990 年 4 月，考古队在一个叫三房湾的地方进行调查。他们走到一道土坎上，发现土坎像大堤一样，非常高大，而且在它的西侧有特殊的长条形的堰塘。好奇心是考古学家的天性。一座突然隆起的"土坎"，暗示这里为人工改造的可能性很高。但是，关于这道"土坎"的建造年代众说纷纭，有村民说是 1958 年大修水利时修建的，也有老人说从小就看见它在这里。本着认真的态度，考古队员们开展了仔细的调查。恰巧，有人在"土坎"上挖窑炉烧瓷器，暴露的剖面上可以看到很多陶片。考古队员们发现大多数陶片属于屈家岭文化，这暗示着"土坎"的建造很可能就是在屈家岭文化时期的。有意思的是，紧挨着"土坎"，还有一段长条形的堰塘。这时，大家顿悟，这哪里是什么堰塘，应当是护城壕，"土坎"就是城垣[7]。随后，考古队在"土坎"旁边的邓家湾开展了针对性发掘，证明土坎的年代就是屈家岭文化时期。

石家河古城的发现和确认，加深了人们关于屈家岭文化的认识，也从侧面回答了之前关于湖南澧县城头山[8]、湖北荆门马家垸[9]等遗址可能存在史前城垣的猜想，引发了长江中游史前城址的大发现。1991 年，城头山城确认；1992 年，走马岭城、阴湘城确认；1996 年，鸡鸣城确认；1998 年，门板湾城、鸡叫城、陶家湖城接连确认……在石家河古城确认后的 30 年间，每隔两三年就有一座或多座屈家岭文化城址被发现。

其实，这些城址能被发现，除了需要借助专业知识之外，其地名也提供了一些线索。如，沙洋县城河遗址原来叫草家湾遗址，是因为在草家湾这个小地点采集到了文化遗物。但有意思的是，草家湾所在的村庄叫城河村，旁边有一条河，这条河其实叫广坪河，唯独流经这个村子的那段被称为城河；距离河流不远的地方也有很长的"土坎"，当地村民至今仍称"土坎"内为城内，土坎外为城外[10]。一河、一村、一遗址都与"城"有关，也为后来确认遗址为五千年前的古城提供了调查线索（图二八）。同样，此前发现的鸡叫城、阴湘城、鸡鸣城，都从小地名中获得了启示，因此地名是寻找古城的重要信息来源。

路径：城址群的形成

迄今为止，长江中游已发现的史前城址达 20 座左右，其中屈家岭文化城址有 17 座：包括南阳盆地的襄阳凤凰咀；汉东地区的孝感叶家庙、安陆王古溜、天门石家河、笑城、应城陶家湖、门板湾；汉水以西的沙洋城河、马家垸，荆州阴湘城；长江以南的公安鸡鸣城、青河城，石首走马岭，华容七星墩，澧县城头山、鸡叫城，南县卢保山（图二九）。

这些城址的出现，经历了多种模式或道路。就屈家岭文化城址的发生过程而言，可分为两类：一类是在原有的聚落之上通过"扩老城"、"建新城垣"和"利用原有城垣"三种方式，实现对城址的使用，但都属于在早期聚落基础上的发展；另一类则在新的地点建造全新的城（表二）。

城头山古城是"扩老城"的典型案例。大溪文化一期，城头山先民在汤家岗文化时期环壕的基础上营建城垣和外壕，城垣部分叠压早期环壕。大溪文化二期，城头山聚落进入空前繁荣时期，城垣范围不断扩大，垣墙建在了一期城垣壕沟的外坡上。进入油子岭—屈家岭文化时期，城头山聚落发生了一系列重大变化，营建了三、四期城墙、护城河，且兴建于屈家岭文化的四期城墙明显较之前的城墙高大[11]。对城垣与外壕的发掘表明，屈家岭文化时期垣壕系统的修建有严密规

图二八　湖北城河遗址航拍图（由南向北）

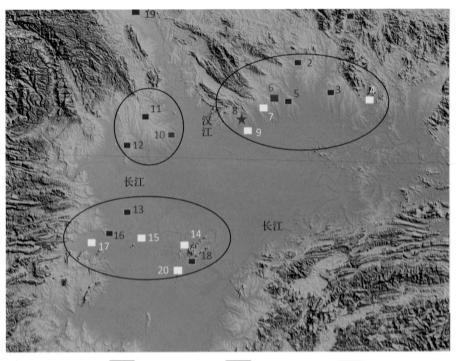

★ 120万平方米　■ 50-70万平方米　■ 24-35万平方米　□ 小于20万平方米

图二九　长江中游史前城址的空间分布

1. 土城　2. 安陆王古溜　3. 孝感叶家庙　4. 黄陂张西湾　5. 应城门板湾　6. 应城陶家湖
7. 天门笑城　8. 天门石家河（谭家岭）　9. 天门龙嘴　10. 沙洋城河　11. 荆门马家垸
12. 江陵阴湘城　13. 公安鸡鸣城　14. 石首走马岭　15. 公安青河城　16. 澧县鸡叫城
17. 澧县城头山　18. 华容七星墩　19. 襄阳凤凰咀　20. 南县卢保山

表二　屈家岭文化城址的早期聚落基础

	大溪（油子岭）文化	屈家岭文化		大溪（油子岭）文化	屈家岭文化
凤凰咀	？	城	阴湘城	环壕聚落	城
叶家庙	普通聚落	城	鸡鸣城	无	城
王古溜	？	城	青河城	无	城
石家河	城	城	走马岭	城	城
笑城	无	城	七星墩	无	城
陶家湖	普通聚落	城	卢保山	？	城
门板湾	普通聚落	城	城头山	城	城
城河	无	城	鸡叫城	环壕聚落	城
马家垸	普通聚落	城			

划，施工有统一的协调与控制[12]。

尽管与城头山一样，石家河古城也在原城址基础上营建新城，但石家河古城的规模变化极为突出。新近发现的谭家岭古城位于石家河遗址的核心，城垣内总面积17万平方米，外壕内总面积26万平方米。垣壕的解剖结果显示，城址的建造年代不晚于屈家岭文化早期，发掘者推测应始于油子岭文化晚期[13]。屈家岭文化时期，汉东地区强势崛起，谭家岭小城被120万平方米的石家河大城所取代，形成以石家河古城和城外10余处附属聚落组成的超大型聚落[14]。

如果说城头山和石家河是在原有城址基础上的扩建，那么屈家岭文化时期的走马岭城，则未对营建于油子岭文化时期的城垣进行任何改造，只是屈家岭文化遗存较前期更为丰富，说明该城进入了繁盛时期[15]。

除了城址自身扩建之外，在原有环壕聚落和普通聚落之上发展成为城址，也是常见的形式。如，湖北荆州阴湘城，在大溪文化晚期为内部被南北向冲沟隔开的环壕聚落；到屈家岭文化时期，环壕发展为城址[16]。类似的形式也见于澧县鸡叫城[17]。

普通聚落发展为城址则见于陶家湖、叶家庙、门板湾等城址。调查显示，在陶家湖遗址，油子岭文化时期遗存主要分布在遗址中心的陶西塆，另于陶东塆有零星分布，二者是陶家湖聚落形成的基础[18]。屈家岭文化时期的遗存在油子岭文化阶段的基础上有明显扩展，最终形成城址[19]。鄂东北的叶家庙遗址保存有早期的聚落，此时只发现墓地，并未见到垣、壕等设施；屈家岭文化晚期，聚落面积明显扩大，核心区域出现城，且周边新出现附属聚落[20]。门板湾城最早有人居住的时间大约在油子岭文化晚期，至迟在屈家岭文化晚期，形成了以城为中心、面积达110万平方米的大型聚落[21]。

与上述城兴建于原有聚落的模式不同，城河、笑城、七星墩等遗址则是在新的地点打造了全新的城址。

城河遗址是屈家岭文化在汉水西部重要的权力信仰中心。针对城垣的解剖性发掘表明，城垣被屈家岭文化遗存叠压，且在城内外的持续发掘都没有发现早于屈家岭文化的遗存，说明城址的始建年代很可能系屈家岭文化时期[22]。七星墩城址为罕见的"外圆内方"双重结构，发掘和勘探表明内外两重城垣的年代均为屈家岭文化时期，而且建成之前和修建过程中所遗留的碳样测年也支持这一判断[23]。此外，位于汉东的笑城[24]，长江以南的鸡鸣城[25]、青河城[26]也属于屈家岭文化时期。这五处城址的垣墙都始建于屈家岭文化，且在遗址上没有发现早于屈家岭文化的遗存，意味着它们很可能是屈家岭文化新建的城。

如上所述，从城址发生和演变的角度来看，屈家岭文化城址群的出现，或是在早期聚落基础上发展的结果，或是营建的全新城址。

蓝图：古城的位置和领地

迄今为止，考古工作者已确认的屈家岭文化城址达 17 座。

有研究显示，除凤凰咀城之外，如果把已发现的屈家岭文化城址用线连接起来，呈明显的新月形带状分布格局。有意思的是，这一新月形地带也是两湖地区宏观地貌的过渡带，海拔高度大约在 30～50 米，大多为平原低岗地貌，属于大洪山、荆山、鄂西山地、武陵山等山前地带与两湖平原的结合部[27]，而新月形地带与长江之间的广大区域内鲜有史前聚落分布。

此现象的形成可能跟当时的地貌环境有关。新月形地带与长江之间的广大区域，地势低平，湖泊、河流纵横交错，大部分地区为水网沼泽地带。环境考古研究表明，构成两湖平原的江汉和洞庭湖地区为两个相对独立的凹陷区。新石器时代，洞庭湖平原延续更新世以来的陆生现象，整个平原处于微弱的上升阶段，沉积物流失，呈现出一片湖泊相间、河网交错的平原地貌景观；江汉平原则不同，没有统一的沉积环境，而是多个沉降中心并存，各沉降区的下陷速率又很不一致，具有河流冲击和湖泊沉积的多重旋回，呈现出河湖相间的泛滥平原特色[28]。地势低平，湖泊、河流纵横交错的自然环境，导致大部分地区在历史上为水网沼泽地带，不利于人类居住，只能成为先民们偶尔开发的边际地区。

正因为如此，屈家岭文化城址所在的新月形地带，不仅是整个两湖平原史前聚落分布最为密集的地区，也是本土文化的核心分布区。屈家岭文化之前历次文化格局变动，几乎都以新月形地带的空间范围为轴线。

如果进一步观察这些城址的空间分布，可以得出一些规律性的认识。在汉东城址群中，笑城西距石家河城约 25 公里，东距门板湾城约 22 公里。陶家湖城在笑城和门板湾以北的位置，距离这两个城都在 15 公里左右，三者大致呈等边三角形分布。与汉东隔河相望的汉水西部，分布着城河、马家垸、阴湘城 3 处城址，大致也呈三角形分布。城河西北距马家垸约 25 公里，马家垸至阴湘城约 28 公里，平均距离为 26.5 公里。在长江以南，鸡鸣城到青河城约 26.5 公里，青河城到鸡叫城约 28.5 公里，鸡叫城至鸡鸣城约 29 公里，鸡叫城至城头山约 13 公里，平均相距 28 公里[29]。这些数据表明，15～30 公里应该是各城址之间的常规距离。

然而，有些城址之间的距离明显大于这个数值。如长江以南的走马岭城距离青河城、七星墩城在 40 公里左右；汉东地区的叶家庙距王古溜 46 公里，王古溜至门板湾城 42 公里。实际上，城址之间的聚落分布密度非常高，不乏一些与城址规模等同的环壕聚落。如，石家河遗址西北距屈家岭遗址约 20 公里，后者是屈家岭文化极为重要的环壕聚落，在地理方位上也是连接汉江东西的关键通道，所以它有可能扮演着与城址等同的功能，充当着新月形地带的关键节点。

其实，从建设流程和防卫功能来看，环壕聚落与城址之间的区别并不是很大，都需要挖沟出土，并且承担设防的功能。城址一般有环壕，而环壕挖出的土则会就近堆积在环壕内侧，既为工程方便，也增加了聚落防卫设施，这是最容易理解的设防形式；而环壕围绕聚落，也能够实现防御的功能，但可能更多的是利用了河道和低洼的地形加以改造，所以出土量比较少，或者把壕沟出土铺垫在了聚落周围比较低洼的地方。

不过，由于考古发现的偶然性，一些城壕聚落或重要遗址未必能够得到及时发现。汉东地区的叶家庙与王古溜之间，分布着规模达 80 万平方米的好石桥遗址[30]。王古溜距好石桥 24 公里，好石桥至叶家庙 23 公里，恰好在大多数城址间的距离范围内。由于好石桥遗址未开展系统的考古工作，是否有城壕设施仍不确定，但庞大的遗址规模已显示其重要地位。

这些城壕聚落的分布和距离，有助于推测大型城壕聚落的领地范围。一般认为，中心聚落的控制范围是有限的，按照距离衰减规律，意味着每一个中心聚落都有自己固定的领地或范围，而且这一范围是排他的[31]。从上述 15～30 公里的距离来看，每个城址和大型环壕聚落的控制距离或领地边界大约为 8～15 公里。考虑到河汊湖沼对交通的影响，8～15 公里相当于一个人半天所能到达的距离，这也应该是一座城址或环壕聚落在当时的社会发展水平下所能直接控制和管理的最大范围。如果城址或大型环壕聚落之间需要传递信息，信使可当天到达。诚然，如前所述，这些城壕聚落多分布在山岗与平原的结合部，所谓的控制半径或领地范围是指它们之间的直线距离，而在结合部之外的高处山地或低处平原，往往没有其他大型聚落，因此山地或平原的控制距离应该要大很多，只是准确数据不得而知。

目前还没有对屈家岭文化遗址数量作全面、准确的调查，但一些局部地区和行政单位的普查，或许能为我们观察上述控制范围内的聚落数量提供支撑。围绕石家河遗址进行的一项全覆盖式调查成果显示，以石家河为中心的 150 平方公里范围内，屈家岭文化聚落近 20 处[32]，大多分布于石家河遗址附近区域。同时，陶家湖—笑城区域的系统调查则显示，屈家岭文化时期，以陶家湖为中心的约 10 平方公里的范围与以笑城为中心的约 3 平方公里的范围形成了遗址密集分布的"聚集效应"；但在两遗址群之间，大约 7～8 公里的间距区域内不见同时期遗址分布，二者处于相对独立的状态[33]。两项调查说明，城址的控制范围和领地边界泾渭分明。其中，小型聚落的空间分布并不是均匀等距的，而是距离城壕聚落越近，分布密度越高，距离越远，密度越低，这意味着控制力由中心向边缘递减。

当然，这些数据不足以代表当时的全部真实情况。一方面限于条件，一些面积只有几万平方米的小型聚落很少系统发掘或全面勘探，它们的年代无从把握，更无法确定是否为屈家岭文化时期的；另一方面，新月形地带经历数千年的人类活动，屈家岭文化之后的文化遗存也十分丰富，而地表采集到晚期遗物的概率较大，据此判断年代有时则会漏掉屈家岭文化阶段。

无论如何，具有共同文化属性的城壕聚落在半月形地带的规律分布，意味着它们之间有着共通的联合机制和互动反应。同时，大致等距的分布现象以及领地边界的可能存在，暗示着各城址或大型环壕聚落之间又是彼此独立、互不侵占的。这些信息表明，以城址或大型环壕聚落为中心的聚落模式，是屈家岭文化顶层管理的核心特征。

除此之外，屈家岭文化城壕聚落在新月形联合体之下，可能各自拥有小范围的集群现象。如前所述，在地理空间分布方面，这些城址被长江和汉江分割，形成三个相对集中分布的区域。不同区块的城址群内，在选址方面呈现出三角形分布的空间特征。如汉东地区的陶家湖—笑城—门板湾，汉西地区的城河—马家垸—阴湘城，长江以南的鸡叫城—鸡鸣城—青河城等。而三角形是最稳固和高效的连通方式，三个方位互为犄角，相互支持，任何一方都可及时联系或回应其他两方。即使在科技发达的现代，三角形也是军事战斗中使用频繁的基本战位。

差异：城址的规模大小

迄今为止，考古工作者已在长江中游发现史前城址近 20 处，大多数分布在大洪山南麓和洞庭湖沿岸，大致呈新月形带状分布。这些城壕聚落的面积大小不等，从洋洋百万平方米到区区数万平方米都有。尽管规模不是聚落等级的唯一判定标准，但是根据已有认识，一般情况下，史前聚落的面积越大，意味着人口密度越高，可支配的人力资源越多。而人力资源是史前部族的关键力量，因此规模能够在一定程度上反映聚落的等级。根据现有的考古发现，以规模为标准，可将屈家岭文化的城壕聚落大致分为四个等级。

第一等级为超大型城址，仅见石家河城，城垣围筑面积达 120 万平方米，整个遗址占地总面积约 8 平方公里。

第二等级为大型城址和环壕聚落，包括城河、陶家湖城址，城垣围筑面积达到 50～70 万平方米。这一规模的聚落还应包括大型的环壕聚落——屈家岭遗址。

第三等级为中型城址，如叶家庙、王古溜、门板湾、马家垸、七星墩等城址，城垣围筑面积为 24～35 万平方米。

第四等级为小型城址，如笑城、鸡鸣城、鸡叫城、青河城、叶家庙等，城垣围筑面积仅数万至 20 余万平方米。

在城壕聚落之外，存在着大量的附属聚落或其他普通单体聚落。它们分布于城壕聚落周边，构成多级聚落体系的金字塔基座，如众星拱月般围绕城壕聚落。这些规模不等的史前城址、若干环壕聚落以及普通聚落，共同构成了屈家岭世界的古城网络体系。

（一）超级聚落：石家河

在网络体系中，石家河城以其超大型规模屹立于汉东核心地区（图三○）。城址坐落于两条河流之间，呈不规则长方形，至今能够看到堆筑的高大城垣和挖掘的宽深外壕。勘探显示，石家河遗址核心区域存在多重人工堆筑的大型城垣类遗迹以及人工开挖的城壕类遗迹。

明确的屈家岭文化城垣内可使用的面积至少达 120 万平方米，相当于两座故宫的大小。城壕外则有一圈隐约连续的长条形土台，应为挖壕堆垣后剩余的堆土。有学者估算环壕的出土量当在 50 万立方米以上，而堆筑城垣本身则需要 1 000 人工作 10 年才能完成，同时还需要 2～4 万的人口才能供养筑城的千人队伍[34]。

城址西垣保存完整，东北部被晚期的土城破坏。近年来，在城址东南部低地，发现东、南城垣之间存在一段宽约 75 米的缺口，很可能系人为设置的进出城址的通道。这里的城壕并未紧贴城垣，而与之保持了一定距离，应是为避让城内外出入口故意设计的[35]。关于通道的管理方式，或许如早年的推断，"因为那里需要过水，可能是用栅栏或荆篱一类的东西代替城垣起防护作用"[36]。

在城垣外围的西、北部存在三条人工堆筑的呈半弧状的黄土垠，分别为扁担山—鲁台山、京山坡、严家山—黄家山，总长度达 1 630 米。这些黄土垠两侧均有壕沟，有的深达 7 米，宽为 70 米，体量十分庞大，应为城外的防卫或治水设施[37]。城垣南侧则有昌门湾、石板冲等黄土垠，功能不明。

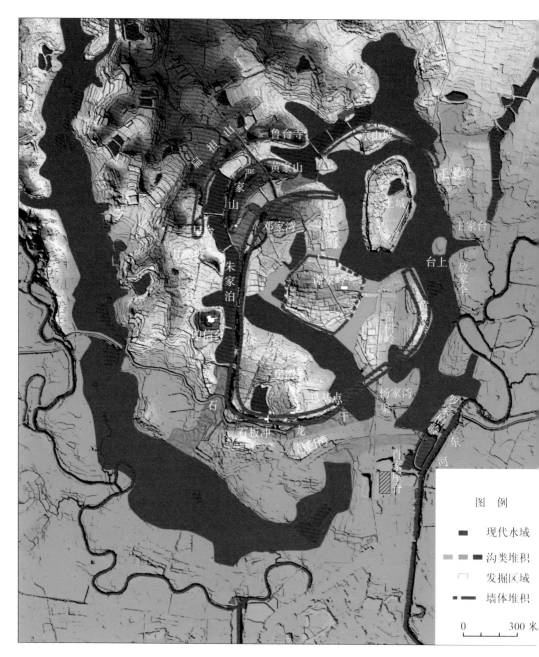

图例

■　现代水域

▬ ▬ ■　沟类堆积

□　发掘区域

▬ ▬　墙体堆积

0　　　　300 米

图三〇　石家河遗址高程影像

城外分布着 10 余处聚落点，多位于大小台地之上，呈集群分布的现象（图三一）。罗家柏岭、肖家屋脊、严家山等遗址经过了发掘，可知城外也是成片的居住区，人口基数并不算小。在聚落群的外围西侧，有一条宽沟自西北—东南而下，在城址外围南侧的昌门湾处与南城壕汇合；而城址东侧，则有另一条宽沟呈北—南走势，在城址东南部的杨家湾与罗家柏岭之间，与南壕沟汇合。有意思的是，城外的聚落点大多被上述两条宽沟和南壕组成的半封闭设施所围绕，即使没有在宽沟范

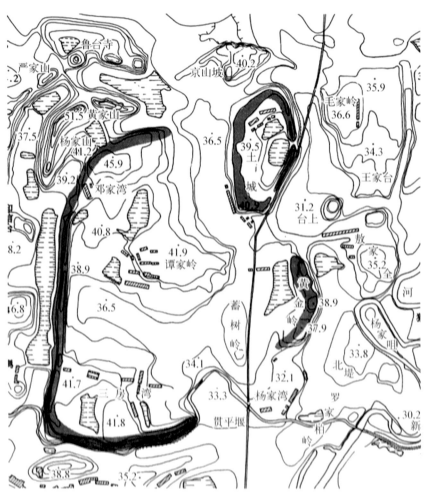

图　　　石家河遗址地形测绘图

围内，也紧挨宽沟，说明当时可能存在多重封闭设施。

（二）中型城壕聚落：城河、陶家湖、屈家岭

位于汉西地区的城河城，规模仅次于石家河古城，但是面积只有 70 万平方米（图三二），相当于石家河城的一半。与石家河城一样，城河城也在两河相间处筑造城垣，城河及其支流从城外的东、西南方位流过（图三三）。与此不同的是，汉东

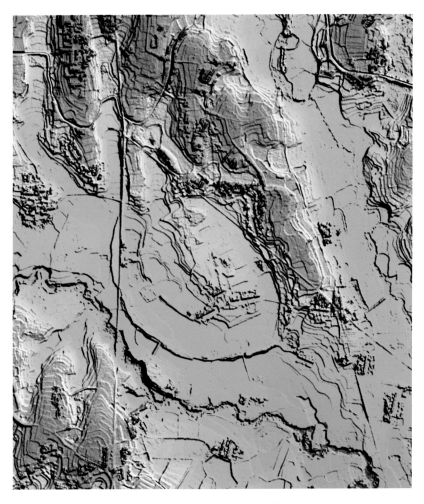

图三二　城河遗址高程影像

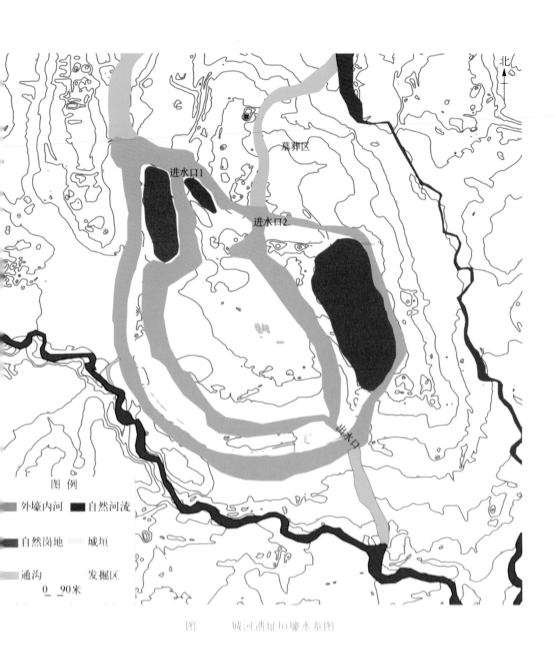

图例中包含以下内容：

图 例

外壕内河 ▆ 自然河流

自然岗地 ▨ 城垣

通沟 发掘区

0 90米

图中标注：

墓葬区

进水口1

进水口2

进水口

北

地区的陶家湖城，虽然规模与城河城相差不多，选址也在两条河流的交汇处，但不在两条河流之间的范围内，而是将两条河汊口包绕于城内，河流自北向南穿城而过，显示出与石家河城、城河城不同的理念（图三四）。

系统的考古工作揭示，城河城东北部为一处自然高岗，东城垣的北端、北城垣的东端分别与岗地的南段、北段相搭，东、北两处城垣没有直接相连。换言之，城河人在遗址东北部将自然高岗作为"防卫"设施的一部分。不过，尽管垣墙没有闭合，但是壕沟却完整地围绕整个聚落。即使东北高岗上没有城垣，依然挖有宽约25米、深约4米的壕沟。而且，在保存城垣的位置，壕沟紧贴垣墙。但是在陶家

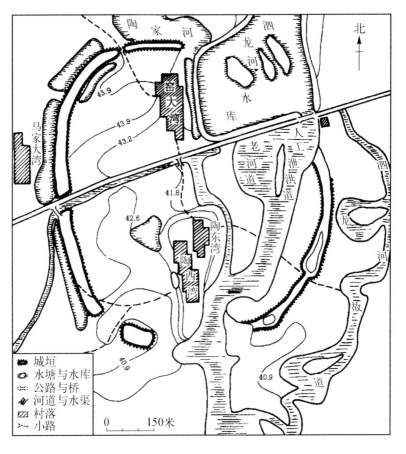

图三四　陶家湖遗址城垣走向

湖城，北垣外利用陶家河河道作为壕沟，东垣外壕沟似乎也利用了自然河道，南垣外则没有看到明显的壕沟迹象。陶家湖城址自然河道与人工壕沟结合的方式，与石家河城、城河城不同。

城河城正北、西北、东南3处发现明确的水门，出行应该以水路为主。陶家湖整个城址有5处缺口，但因为没有做过系统的考古发掘，大多数缺口是否为城门仍无法明确，目前只能断定西、北城垣之间的缺口为城门所在[38]。

调查显示，城河外围8平方公里范围内分布有6处同时期的遗址点，但堆积都不算丰富，能否被看作是城址使用时期的固定附属聚落，仍有待进一步的考古研究。在陶家湖城，调查揭示的文化遗存几乎全部分布于城内；在一墙之隔的城外，只有城垣东南紧贴城垣的局部区域有零星分布的文化遗存，没有看到明确的聚落群[39]。

与城址不同，屈家岭遗址则是典型的"壕堰式"聚落。遗址分布面积达280万平方米，是以屈家岭遗址点为核心，由殷家岭、钟家岭、冢子坝、九亩堰、大禾场、土地山和杨湾等组成的遗址群。在核心区屈家岭遗址点北部和西部，以及钟家岭、冢子坝遗址点外围，宽深的环壕将3处遗址点绕于圈内，其他遗址点则分布于壕沟外（图三五）。与陶家湖城类似，屈家岭人将两条河流的交汇点圈于环壕范围内[40]。自然河流分别穿过西壕、北壕进入聚落核心区，再穿过南壕流出。

城河、陶家湖、屈家岭遗址反映了屈家岭文化大型城壕聚落的基本架构。两河交汇是它们共通的选址理念，但自然河流穿城（壕）而过、夹城于内，则意味着陶家湖、屈家岭与城河之间有着不同的筑城难度。在城壕规划方面，尽管城河城的东北部利用自然高岗，整个城垣呈不规则状，但南、西城垣明显为圆弧走向，表明城垣的设计规划应以圆形为理念；陶家湖城的城垣为标准的圆形，屈家岭的环壕则接近于圆形。这些现象说明圆形是大型城壕聚落的设计理念。

此外，陶家湖城外仅有少量遗存，城河城周边遗址点的堆积也不丰富，暗示城外的附属聚落规模并不突出。相反，屈家岭环壕沟外围则分布有众多遗址点，与环壕内遗址构成明确的聚落群，表现出与石家河城相似的聚落模式。

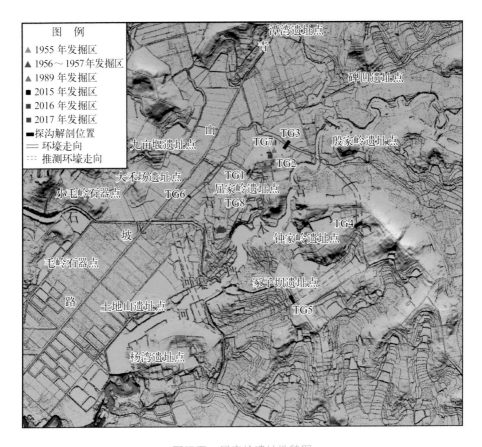

图三五　屈家岭遗址地貌图

（三）中型城址：王古溜、门板湾、马家垸、七星墩

中型城址在汉东、汉西以及长江以南区域都有设置。这类城址垣墙的围筑面积在 24～35 万平方米之间，相当于大型城址规模的一半、超大型城址的四分之一。

这类城址围筑的垣墙出现了明显的拐角，形状呈现出从圆形向方形转变的趋势。马家垸城营筑在东港河东岸，从卫星影像来看，城址的东侧也有沟壑类迹象，或许为早期的河道。整个城址在高出周围地面约 2～3 米的平岗上，城垣、护城河保存完整程度罕见。城址南北略呈梯形，东、西城垣与南城垣之间的夹角接近直角，但略有弧度，整体为圆角梯形。城垣西北部明显内弧，可能为避让城址西侧的河流所致。垣墙外则挖有壕沟，但东、南、北三侧为人工挖修，西壕则利用自然河流，形成闭合的"环壕"。西城垣北段与东城垣南段分别设置水门。西垣外的自然河流水从西北水门进入城内，再从东南门流出与城外壕沟汇合[41]（图三六）。马家垸周边没有开展过系统的调查，是否有附属聚

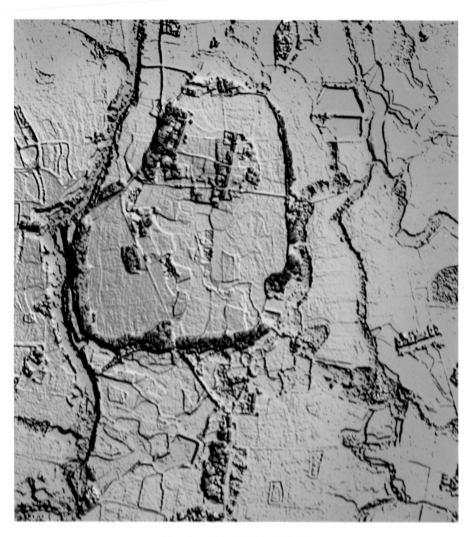

图三六　马家垸遗址高程影像

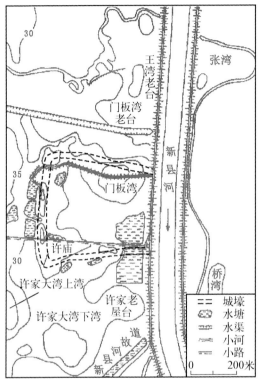

图三七　门板湾城垣走向及周边遗址分布

落分布，不得而知。

与其他城址两河相夹的选址不同，门板湾城的北、东、南三侧均有自然河流，唯独西侧未见明显的河道。发掘揭示，东城垣被河流所毁，从其他三面城垣的走向判断，整个城址可能近长方形，而且垣墙外侧修挖有壕沟（图三七）。从航拍图来看，在西城垣北段似乎有一处豁口，如果为水门，则与马家垸城内的输水模式接近。在城外，分布有门板湾老台、王湾老台、许庙、许家老屋台、许家下湾、许家上湾等同时期的附属聚落[42]。

同在汉东地区的王古溜遗址位于一处独立的岗地上，与门板湾、马家垸等临河筑城的理念似乎不同。近年的一项调查显示，王古溜城垣形制也接近方圆形，城门则位于南部，而且该遗址周边分布有多处同时期聚落[43]（图三八）。由于没有开展过系统的考古发掘，所以更多的信息无法明确判断。

七星墩城外的西北方位有东山河自西向东流过。城垣形制较为特殊，为内外双重城圈组成。内圈城垣大致呈圆角长方形，垣外有壕沟环绕；外圈城垣为圆形，但仅在南部东段发现外壕，且垣壕之间的距离不等，有的区段紧密相连，有的则在中间有宽5～15米的缓冲地带。内城的东、南垣上各有一处缺口，堆积深灰色淤泥，推测为水门遗迹；外城的东、南垣各有多处缺口，可能与水门有关。外城东部水门与内城东部水门相通，应是出入城址的主要通道[44]（图

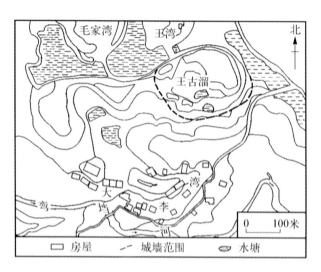

图三八　王古溜遗址城垣分布

三九）。考古钻探、断面清理和考古发掘证实，七星墩内外城圈的年代基本一致，应是同时修筑的。这种"外圆内方"的双城布局结构，在长江中游地区并不多见，为屈家岭文化古城网络体系增添了新内涵。与其他中等规模城址的模式接近，七星墩所在大荆湖周边发现有30余处小型聚落，应该有相当部分是七星墩城的附属聚落。

（四）小型城址

包括笑城、鸡鸣城、鸡叫城、城头山、青河城、走马岭、叶家庙、阴湘城、凤凰咀、卢保山等，城垣围筑面积仅数万至20万平方米左右。

小型城址是屈家岭文化古城网络体系的坚实基础，几乎占据目前已发现城址数量的大半。这些城址的面积大多在数万到十几万平方米之间，相当于中等规模城址的一半。

笑城位于姚家河与新皇市河相夹的位置。城垣平面呈曲尺形，西南处明显内凹，结合该处城垣外围有大片水域，推测城垣的形制应是避让水域所致。城垣除北面外侧有壕外，其余三面均为湖泊（图四〇）。考古工作者在南北城垣中各发现

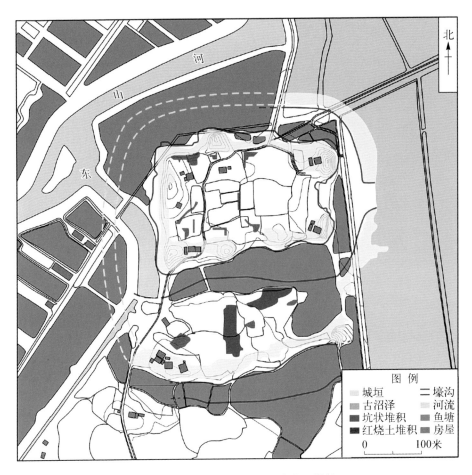

图三九　七星墩古城"外圆内方"结构

一残存缺口，可能为城门遗迹[45]。调查显示，紧贴城垣周围的东部和南部有大量的文化遗存，表明有一定规模的聚落和人口分布于城址外侧[46]。

青河城平面略呈圆角梯形，西北角有明显的拐角，东垣向外凸出。南城垣基本利用了原来的地形，东、南、西、北四垣可能均设置有城门。护城壕在南、北、东三侧保存明显。城西有龟山，为低矮的自然土包，与西垣之间的地势明显降低，显然是筑城取土所致（图四一）。或许正是因为在山丘筑墙取土，故没有形成西壕。

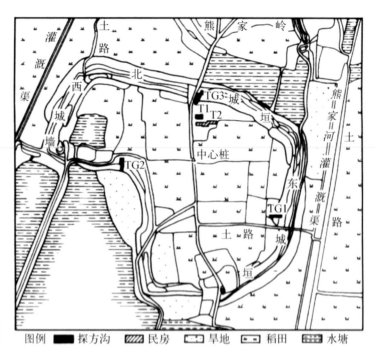

图四〇
笑城城垣形制图　图例 ■ 探方沟　▨ 民房　▭ 旱地　▱ 稻田　▦ 水塘

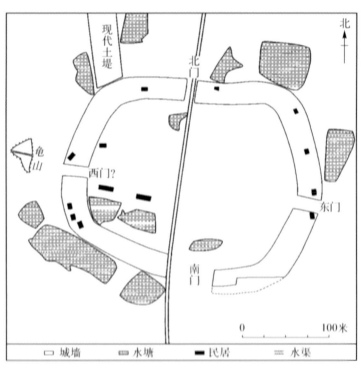

图四一
青河城城垣形制图　□ 城墙　▭ 水塘　■ 民居　▦ 水渠

鸡鸣城位于㳉水河附近，平面近似梯形，北部呈圆弧状，东南角与西南角有明显的转折。城垣四周可能存在东、南、西、北四个城门。护城壕在北、西、南城墙外的残迹十分明显（图四二）。

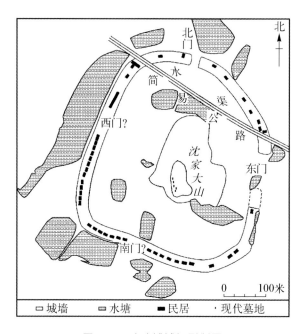

图四二　鸡鸣城城垣形制图

同样，走马岭城为内、外双圈城垣结构。其位于上津湖东岸，内城大致呈椭圆形，外围分布有多处弧形人工台地、弧条状人工堆土，构成一圈较完整的外围城垣体系。外城垣之外的北部区域，用弧形台地围成一个类似"瓮城"的结构；外城的西侧有一道"土坝"，可能系面临水域的防御设施。内城外围有一圈完整的护城河，外城外围能看到断断续续的护城河，最北面的"瓮城"外侧也有相对完整的护城河，并与外城护城河连通。勘探显示，城内外存在复杂的交通系统。北门及外侧通道是对外的主要陆地通道；西水门、古河道与上津湖连通，是对外的主要水上交通系统，所以这两处方位有瓮城和高大的防御设施[47]（图四三）。调查表明，在走马岭城西侧发现有4处同时期的聚落[48]。

北

图四　走马岭古城航拍图

阴湘城略呈圆角方形，南垣与东垣转角处略外凸，遗址北侧被湖水冲毁，北垣无存。城外有城壕紧贴。城址中部有一条南北向的低洼地，可能为城内中部的古河道（图四四）[49]。

图四四　阴湘城遗址高程影像图

　　新发现的卢保山城位于一处比周围高出约 1～4 米的台地上，城垣形制大致呈圆角方形。紧贴垣墙外围挖有壕沟[50]（图四五）。

　　叶家庙城位于古溾水东岸，城址呈长方形。垣墙外围有环壕，城址西北部向西北的低洼地与东南角向南的低洼地分别为环壕的进水口与排水口。西垣墙内侧分

北

图例
城墙
壕沟
红烧土范围

0   40   80米

图四五 卢保山古城形制图

布有南北向内壕，西城垣北段和南城垣西段各有一个缺口，内壕通过这两个缺口与城外环壕联通。在叶家庙城的西侧，分布有杨家嘴、何家埠两处附属聚落[51]（图四六）。

　　凤凰咀位于台地之上，且在两河交叉口的外围西侧，而非河流相夹的位置。城垣呈不规则方形，有明显的折角。根据城壕走势明显且形制规整的特征，推测系人工开挖而成，并与外围低地的早期河道相通，形成完整的给排水系统。在城垣外围、紧贴城壕一周有 6 处附属聚落，共同构成了面积达 50 万平方米的遗址群[52]（图四七）。

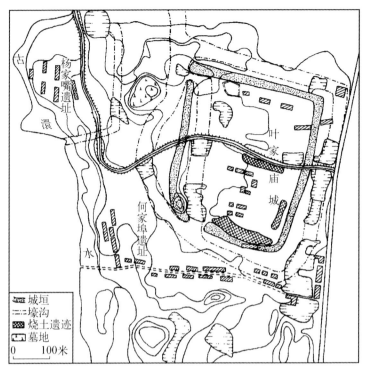

图四六
叶家庙城垣形制图

图四七　凤凰咀城结构示意图

（引自武汉大学历史学院等：《襄阳凤凰咀遗址》，《江汉考古》公众号，2022 年 5 月 11 日）

城头山的护城河与澹水故道之间，有人工开凿的水系，城内的引水和排水通过护城河与澹水相连。屈家岭文化城垣的建设，完全改变了原有的聚落结构。城址周围聚集了一批遗址，包括北部的壕沟遗址，南侧的南岳遗址，西部的窑场、花云塔、王家湾、谭家坟山、李家台等遗址（图四八）。

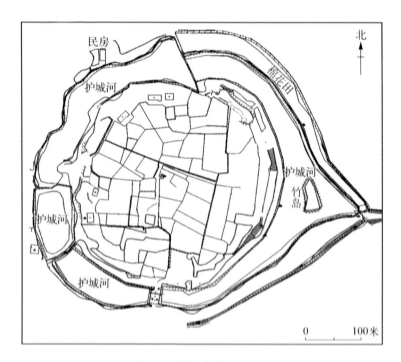

图四八　城头山城垣形制图

鸡叫城在其西北角有一条长堰通往涔水，以引涔水进入鸡叫城护城河，并且当时的筑城人还开凿了大量的水渠，形成密集的灌溉水系网络。这些系统又通过城东的低洼地带将水导入涔水下游（图四九）。鸡叫城修建起来后，周围迅速聚集了众多的聚落，形成突出的聚落群。

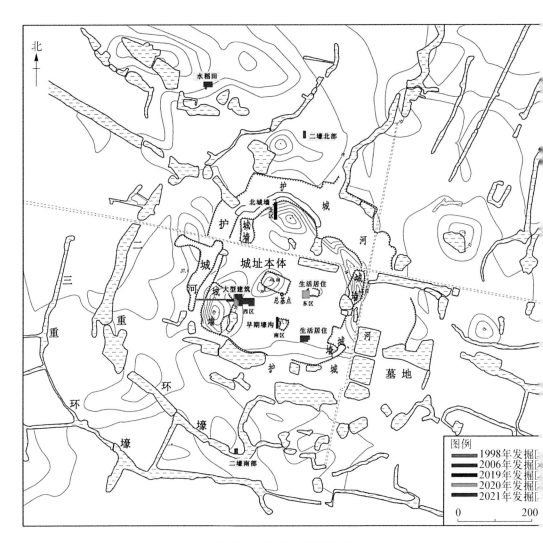

图四九　鸡叫城城垣形制图

营城：规划设计、工程技术与人力组织

墙垣是城址的核心要素，是区别普通聚落的重要标志。通过严密的选址、规划之后，人们开始修筑城墙。目前的考古资料显示，两湖地区的史前城垣高大宽厚，而且横截面多呈梯形，底部宽达 30 余米，顶部宽 10 米以上。这样的城垣形态与黄河流域严格垂直地面的垣墙有着显著区别。

究其原因，应是筑城的工艺差别所致。众所周知，黄河流域城垣多为夯筑，即用圆木两面相夹制作模板，然后向模板内填土，用木棍或石锤夯打填土，逐层重复，墙体不断变高。如此工艺建筑的城垣，夯层明显，厚薄均匀，而且直立于地面。与之不同，屈家岭文化的城垣采用堆筑工艺，这也是长江流域史前城址普遍采用的技术方式。所谓堆筑，就是将黏土逐层堆放，每一层仅有简单的夯打或压实处理，不使用模板固形。

图五〇 土屋墩城墙建造实验

从考古发掘的情况来看，堆筑的垣墙每层厚薄不一，10～60 厘米不等，而且即使同一层也有厚有薄。由于没有借助模板固形，堆筑城垣的两侧边缘无法直立，要实现一定高度，就需要有较宽的底座；随着城垣的增高，城垣宽度愈发收窄。这

也是屈家岭文化城垣横截面为梯形的原因。

　　不过，屈家岭文化城垣主体为堆筑，但局部层位可能采用过夯筑方式。七星墩考古团队为了解当时城垣的建筑方式，做了墙体堆筑和夯筑实验（图五〇），夯具有木棍、木板、方形石块和圆形石碾子（图五一）。通过对比古代城垣剖面和实验墙体，发现古代城垣有的层位与堆筑实验墙体堆积特征基本一致，有的层位则与夯筑实验墙体特征基本一致[53]。

图五一　城头山城墙上的夯窝

　　取土的工具很可能是木、竹、石等材质制作而成的。城头山的城墙堆积中常见大块未散开的原生土块，因此不排除使用了削尖的竹木棍插入地下，将土料整块撬起的可能。距离城头山古城不远的优周岗遗址，在屈家岭文化时期的取土坑壁上，发现过整体剥离大块生土的痕迹，在其壕沟底部淤泥类堆积之下，还发现有竖直插入原生土的木棍[54]。

　　那么，筑造巨大城垣的土方来自哪里呢？城河遗址的城垣解剖结构表明，城墙

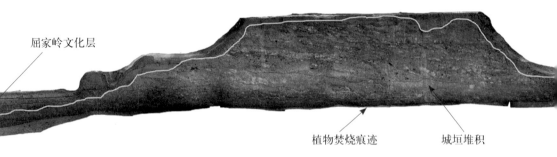

屈家岭文化层

植物焚烧痕迹　　　城垣堆积

图五二　城河遗址南城垣解剖

的土层呈斜坡状分布，而且同一层位，靠近城内的位置高，靠近城外的位置低（图五二）。通过对现代工人挑土过程的观察可知，人们在运土堆墙的时候，一般是先向距离取土地最远的地方堆土，因为这样能够保证运送土方的道路畅通，避免当次放置的土堆影响下次的运土行为。这样的堆土顺序就会导致在同一层位，距离取土地地点远的一侧放置的土方量要厚于距离取土地近的一侧。而且，随着土量的逐层增加，城墙不断增高，为便于上下城墙，同时实现高效运土的目的，墙体上靠近取土地的一侧也会略低。由此可知，对堆筑的城墙而言，同一层位高度较低的一侧意味着土方的来源。而如前所述，在城河遗址的城墙中，同一层位靠近城外的一侧位置偏低，所以城墙的土方很可能来源于城外。与之相关，发掘和调查显示，城河城墙外紧贴外壕，因此筑造城垣的土方应该来源于外壕，这也是外壕形成的工程原因。

　　观察城墙堆土每一层位的土质土色，有的是纯净的"自然土"，有的为不同土块或土粒混杂的"花土"。前者应是直接挖土堆筑城垣，后者是不同质地和颜色的土混杂在一起，由于分选性较好，甚至可能经过人为搅拌加工形成（图五三）。一些城墙还由挖掘自附近沼泽地带的青膏泥堆筑。

　　为了将土料更加便捷地运到不断增高的城墙之上，屈家岭人发挥了极大的智慧。城头山古城的修建过程之中，先民们在城墙与护城河之间留有生土凸台。从凸台边缘至护城河深处，生土面呈阶梯状下降，这显然是便于上下的台阶或踏步（图五四）。在挖河筑城的施工期间，参与劳动的社众很可能踩着这些台阶或踏步，将土料运至城墙顶部。而且，在这些台面上，考古学家还发现了疑似搬运过程中洒落的筑城土料[55]。

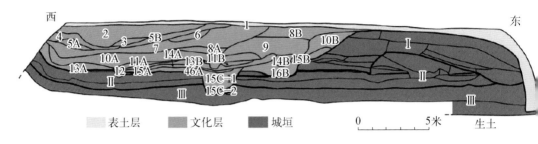

西　　　　　　　　　　　　　　　　　　　　　　　　　　　　　　　　　　　　　　东

图五三　走马岭城垣堆积示意

图五四　城头山壕沟上下的台阶

　　多处遗址的发掘表明，屈家岭文化城垣都是平地起建的，没有挖沟设墙槽的流程。不过，在修建城墙之前，屈家岭文化的先民们会将地面进行简单的处理。城河遗址南城垣的解剖发掘显示，在建造城垣之前，那里是一片茂密的杂草灌木。为了建造城垣，先民们用火点燃了杂草，然后在上面堆放了垣墙的第一筐土。考古工作者在城墙的最底部仍能够看到当时的"地面"，至今仍保留着远古的草叶印痕以及"烧荒"产生的炭屑遗存（图五五）。在七星墩古城，城垣底部则有木棍、树枝散落的痕迹，以及古人焚烧地表杂草灌木形成的炭屑。这些生动的场景，为我们呈现了

图五五　城河城南城垣下"地面"遗存

屈家岭文化先民"披荆斩棘"的建城画面。

借助城垣下叠压的植物印痕和炭屑，考古学家甚至可以获知建城之前的植被信息和季节。通过观察植物印痕的形态，考古学家发现城垣下方是一片杂草，并且与沼泽地有一定关联。这些杂草灌木能够大面积点燃，意味着当时它们是干枯或接近干枯的状态。从植物的生长规律来看，只能在秋冬季节才能呈现这一状态。同时，"烧荒"产生的碳屑可进行碳十四测年，以获取绝对年代。如，七星墩城墙下木炭的测年约为公元前 3100 年。换言之，七星墩聚落声势浩大的筑城行为应该开始于公元前 3100 年前后的某个秋冬[56]。这个节点，恰是一年之中的农闲时刻。

在修筑和使用城墙的过程中，人们有时会对垣墙的护坡进行加固，常用的材料则是木、竹等，有时也会对护坡进行简单的拍打（图五六）。此外，有些垣墙的堆土之中放置有特殊的物品。譬如，七星墩城墙中出土过炭化木块，长约 4.8 米，宽约 0.9 米，发掘者认为可能与城垣修筑时的祭祀仪式有关。而且，一些城垣经过多年使用，顶部或墙坡之上已形成文化遗存，但如果需要再次垫高城垣，或因垮塌而

图五六　城头山壕沟护坡加固措施

补筑城垣，就需要在原有的城垣上覆土或修补。因而现代考古揭露的城垣内部就会发现墓葬、灰坑等遗存。考古学家据此可以观察建城的各个阶段的时间节点。

此外，屈家岭文化营建城址的劳动应该有着严密的组织和管理。2012 年冬季，考古工作者对城头山古城的一段护城河进行了发掘，发现护城河的底部生土河床面上存在规律性分布的大面积的相对低凹区，推测可能是挖沟筑城时的取土作业区。这些现象说明，城头山人在筑城土料的准备工序中，参与劳动的社群被分为不同的劳动组，分区进行取土作业。如此方式与今天的"片区承包制"类似，显示出高超的工程管理理念[57]。

布局：地貌与功能需求的结合

城址内外的功能布局，是聚落考古的研究核心之一。屈家岭文化城址的聚落规模可分为不同类别，各类别的布局有所不同。在这些城址之中，石家河、城河、城头山、叶家庙等城址做过相对系统的田野考古工作，能够帮助我们理解不同规模城址的聚落特征。

石家河城作为屈家岭文化的都邑性聚落，四周分布着近 20 处聚落点。这些聚落点位于大小台地上，有的还成群分布。城外的罗家柏岭、肖家屋脊等遗址已发掘，可知城外也有成片的居住区。

城垣内多处地点的文化堆积连接成片，据其形制和出土遗物特征，可识别出建筑居住区、墓葬区、祭祀活动区、手工业作坊区等不同的功能区，显示出城内布局存在着一定程度的规划。石家河城中部曾经是著名的谭家岭城圈筑的范围，石家河大城修建后，原谭家岭城所在范围分布有大型建筑[58]。位于城内西北部的邓家湾地点，建造有一些普通房址，留有灰坑等生活遗存。尤其值得注意的是，这里还出土了大量跟宗教活动有关的遗迹，神秘的筒形器、宽大的土台、来历不明的灰烬，暗示着这里是石家河城的大型宗教活动场所。在城内西南部的三房湾地点，考古揭露了陶窑、陶泥坑、蓄水缸等制陶生产设施，而且发现了至少 200 万件红陶杯叠压错乱放置的堆积，推测应是陶杯制品的存放地（图五七）。勘探和调查表明，三房湾附近还是陶塑动物、陶鬶的生产区。同时，根据地层关系和器物类型学的研究，发掘者认为该区域制陶功能区至少在屈家岭文化时期就已形成，稳定的产能一直持续到了石家河文化和肖家屋脊文化时期[59]。三房湾的西台地和东台地中间仅隔一水塘，文化堆积却迥然不同。这一带采集到的遗物甚少，钻探所见资料也不同于其他地点（其他地点常见包含大量红烧土等的建筑残迹或为生活废物的灰层堆积），至少可以推测这里不是日常生活场所。此外，据当地博物馆同志介绍，个别聚落点曾采集到大量彩陶纺轮，当地人俗称"土钱"，是屈家岭文化的常见之物，但在其他遗址发现的数量并无介绍者所描述的多。

石家河城尚未发现统一的大型墓葬区。迄今的考古资料表明，古城内外多个地点，如邓家湾、肖家屋脊、朱家坟头，都设置有规模不大的墓地，而且多位于房址、灰坑附近，似乎为"居葬"合一的埋葬形式。

与石家河城稍有不同，汉西地区的城河遗址表现出较为强烈的规划性。在城河城

图五七　石家河古城三房湾遗址出土陶杯

的最中心位置分布着大型院落建筑，面积达 800 平方米，是屈家岭文化较大规模的建
筑之一。在大型建筑南侧，是数座陶窑组成的陶器生产区，窑壁均呈青灰色，说明经
过长期的烧制使用。在大型建筑的东南方位，则是由黄土台和筒形器、四耳器构成的
祭祀区，以及地面用加工过的红烧土颗粒搅拌泥土铺设的大型广场。或许，正是在这
个祭祀区，城河城的英雄首领们，带领着他们的族人向天地祭祀，护城挖沟，改造大
地，开启了各自的不凡人生。然而，生死有别。他们的墓葬被安置在了城外海拔最高
的地方。规模庞大的墓室、结构复杂的棺木、精美的玉石钺、丰富的磨光黑陶、象征
财富的猪下颌骨、程式化的下葬仪式，无不诉说着当时人们对英雄和王者的尊崇。这
些，都是中小型墓葬所无法比拟的，意味着屈家岭文化已经出现了明显的社会分化。
此外，罕见的同穴多室墓葬形制，也表达了先民们生死与共的美好愿望。

　　城河遗址于大型建筑附近设置广场的现象在屈家岭遗址也能看到。不过，关于
祭祀区、墓葬区的分布方位，二者存在区别。屈家岭文化的墓地似乎分散于不同地

点，至今没有发现大型公共墓地，其特征与石家河聚落类似。而且，仪式性活动遗存也见于多个地点，但祭祀或宗教活动的固定场地尚不明晰。

叶家庙城内东部和南部地势平坦开阔，为城内居住区，而且有明显的分布规律。从红烧土分布范围看，可分为东、南、北相对独立的三块，构成缺口向西的凹字形结构，可能是半封闭的院落式结构。墓地位于城外西北方位的家山，延续利用了早期墓地。同时在墓地还发现一处特殊的半圆形房屋，面积不足 4 平方米，显然非实用性房屋。发掘者推测为墓地祭祀场地[60]。

屈家岭文化时期，走马岭内城中除西水门及城内古河道之外的区域广泛分布有该时期的文化堆积，尤其在西北至北部最为丰厚，发现了大量房屋、灰坑、灰沟等居住遗迹。东部则存在一定数量的墓葬，应是当时的墓地所在。这一区域与之前油子岭文化时期的聚落功能布局大致相当[61]。

城头山城垣围筑的范围内，中部偏西的位置是居住区，有密集完整的房屋建筑，而且在两组建筑中间，可能是一处公共建筑或宗教场所。房屋北部，则有一条红烧土铺垫的道路和一处广场。墓地位于城内北部，并表现出与前期墓葬明显有别的埋葬方式。

上述，诸城址内外各地点不同的文化堆积内涵以及由此反映出的专门的功能，表明各地点是按照城内外先民的固有方式被使用的。这种固有方式也可以被视作某种规划制度。更进一步看，屈家岭文化城址有着明确且相对稳定的功能分区，居住区、制陶区、墓葬区、祭祀区等分布清晰。然而，各功能区在不同城址的空间设置却存在明显不同。城河、叶家庙的墓葬区见于城外，城头山、走马岭位于城内，而石家河在城内外都有分布。除此之外，居住区、祭祀区、陶器生产区等，各城址也有所不同。从中可以看出，屈家岭文化城址的聚落规划既有共性，又存在显著的个性。

与城址相比，屈家岭文化的普通聚落不但规模小，而且各功能场所在空间方面的划分较为模糊，功能布局改变频繁，不及城址稳定。随州金鸡岭遗址是屈家岭文化在随枣走廊的中心聚落。这里屈家岭文化遗存可分为三个阶段，每个阶段的遗存分布有所不同（图五八）。早期阶段，聚落南部属于生产生活区，集中分布着由

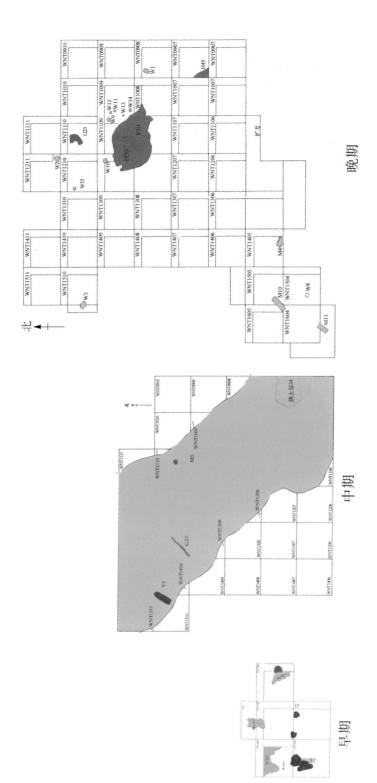

图五八　金鸡岭遗址屈家岭文化聚落演变图

5座陶窑组成的制陶作坊区和一些房屋建筑；同时期的聚落北部则为墓葬区。到中期，聚落布局发生重大变化，一条西北至东南走向的大沟将聚落分为两个部分。早期位于遗址北部的墓葬区演变为居住区，大片的红烧土表明其居住规模相当可观；南部的制陶区尽管依然存在，但范围缩小，而且制陶区范围内发现了瓮棺葬，暴露出该区域向墓葬区转变的迹象。辗转到晚期，原有的聚落布局与功能分区快速改变，大沟被填平，先建设房屋成为居住区，后来很快成为瓮棺葬区；之前的制陶区也成为土坑墓葬区。

联合：共同的信仰

与油子岭、大溪文化类似，屈家岭文化城址内部也存在神圣的仪式空间。石家河遗址作为都邑性聚落，城内西北部的邓家湾地点无疑是当时最为重要的宗教场所。在这里，发现了一座由三层垫土堆积而成的高大土台。台面上有一层焚烧后留下的灰烬层，台面最中央摆放的石头被烧成了灰绿色，灰烬中有完整的5件彩陶杯、1件石斧以及烧焦的兽骨、动物牙齿等。在土台外围，依然分布着灰烬遗存，说明在举办盛大仪式时，台上台下都有篝火或焚烧的遗存。

从地层叠压的情况来看，土台修建之前，这里已经是宗教活动场地。发掘揭露了一处中心部位呈圆形的特殊堆积。最顶部为坚硬的红烧土面，其下为黑灰色的灰烬层，灰烬层下方又是一层红烧土，再向下又可看到灰烬层。红烧土面应是当时活动的直接台面，而灰烬层则是配合仪式而焚烧留下的遗存。它们的交替出现，意味着当时举办过多场仪式性活动。在这处堆积的北部、东北部和中部偏南，发现了3个圆洞，而且里面有木柱被火烧毁的痕迹，说明当时应该有木柱类的东西矗立于活动场地的周边。

在这批遗存的北面发现有一片排列有序的扣碗（又）、盖鼎，旁边还有小孩骨架，很可能与某种仪式有关。

图五九　邓家湾遗址出土筒形器情景

　　然而，这处宗教场所最引人关注的则是大批陶筒形器的出土（图五九）。陶筒形器最早于20世纪50年代屈家岭遗址的发掘时就有发现，但只公布有1件，上细下粗，通体甚高，外面有三四十道箍状附加堆纹，上有子母口，表明上面还应该连接别的器物（图六〇）。由于不明用途，发掘者就根据形状命名曰筒形器[62]。

　　邓家湾出土的筒形器，无论数量还是种类，都十分丰富。依形制可分为三种：第一种是粗筒形器，形状和在屈家岭发现的基本相同，只是高矮粗细稍有差别，外面的箍状附加堆纹则从十余道至三十余道不等。第二种是细筒形器，又细又长，外面为素面，顶部有尖圆形封口。第三种则是乳钉状筒形器，构造较前二者复杂，明显分为三段，上部像细筒形器，下部像粗筒形器，中部像球形鼓出，球面上有许多长乳钉。三种筒形器往往一起出土，而且粗筒形器上有子母口，说明它们是结合在一起使用的（图六一）。

　　在邓家湾出土筒形器的地点至少有15处，绝大多数分布于灰坑之中。其中集中出土筒形器的地点有5处，3处在前述中央土台的周边，因为太碎，摆放方式不

图六〇　屈家岭遗址出土筒形器和四耳器

图六一　邓家湾遗址出土筒形器

明；另两处都填埋于编号分别为 H28 和 H59 的两座坑中，情况比较清楚。H59 及其近旁出土大体平行摆放的三组筒形器，第一组由 3 件细筒形器互相套接，第二组由两件乳钉状筒形器互相套接，第三组由 4 件粗筒形器两两对接。前两组两两对接的筒形器也许可以竖立起来，但第三组 4 件套接的筒形器如果不借助外力支撑，是无法竖立起来的。还有一种可能，筒形器在坑中的摆放不一定是实际使用时相互套接的原始组合，有可能是后来掩埋时随意扔弃的。多数灰坑中的筒形器碎片，很可能是每次宗教活动后将筒形器砸碎掩埋的结果。

由于这批宗教遗存与同时期的墓地几乎重合，很容易被理解为祭墓的遗迹。然而在屈家岭文化的其他墓地却未发现土台、筒形器、灰烬层等遗迹。或者说邓家湾墓地的墓主身份特殊，才会有如此盛大的祭祀活动？但这些墓葬都是中小型墓葬，从埋葬方式也看不出死者的特殊身份。不过，筒形器的形制与甲骨文的"且（祖）"字非常相似，有研究者认为用于祭祀的筒形器实际上是祖先的象征或化身，是一种巨型陶祖[63]，而且大量的灰烬层指示为燎祭的场景。有学者进一步指出，以筒形器这种物化对象而不是以明确的祖先或人物为崇拜对象，说明这种崇拜很可能源于神话传说中的部落英雄或祖先。这样的宗教活动与后世那种以明确的世系群祖先为崇拜对象相比，公共性、包容性以及非排他性更强，能在更大范围上整合人群[64]。

当时的祭具，从弃置的物品来看，除了筒形器之外，还有壶形器、薄胎彩陶杯、碗等。壶形器和杯的出现，意味着在仪式活动中需要用到某种酒精类饮料；碗则有可能是盛放祭品的用具。无论如何，邓家湾的盛大仪式场景在屈家岭文化中是极为特殊的，有可能作为仪式圣地，其规模只有石家河城这样的都邑性聚落才能设置。

在汉西地区的城河城，用于宗教活动的土台位于城内中心（图六二）。台面略呈圆角方形，底座大，台面稍小。土台中心由青灰色土堆筑，四周再用黄色土包裹，然后修整表面。在土台的周围散布有筒形器碎片，同时还发现了上下通透、四侧有圆管伸出的四耳器[65]（图六三）。从出土的残片来看，城河城使用的筒形器种类与邓家湾并无差异，而且黄土台、筒形器、四耳器的空间组合方式，与邓家湾的宗教遗迹十分接近，只是规模不及邓家湾庞大。

阴湘城是屈家岭文化中较小的城址，其东南角保存着一座直径9.1米、高0.8米的圆形土台。整个土台系用红烧土堆筑，顶部较平，周围呈慢坡状。土台周围分布有多个圆形和长方形土坑，坑内填较纯净的黄土，无其他遗物。由于发掘面积有限，土台周围的遗迹现象未能一次性全面揭露，但无论从其形制，还是从堆筑工

图六二　城河遗址出土黄土台

图六三　城河遗址出土筒形器和四耳器

艺，抑或从已发现的周边特殊坑状遗迹的分布来看，这似乎是一处具有"祭坛"性质的遗迹[66]。

与汉水两岸修建室外"祭坛"的方式不同，位于长江以南的城头山古城似乎将"祭坛"转移至了室内。城内中部偏西是密集的房屋建筑区，其中 F87 位于多组房屋的中间，其本身为台基式建筑，坐北朝南，面积 63 平方米，保留有明显的基槽、墙体和廊庑遗迹。值得关注的是，F87 室内北部，有用红烧土筑成的土台，室内其余部分则为平整的地面，没有任何遗物分布。加上宽大的墙体、单独的封闭型特征、廊庑设施、东西对称以及室内无隔墙等迹象，均暗示这应是一处重要的仪式空间[67]。

如果说"祭坛"是屈家岭文化的重要宗教场所，且主要建于城址或大型聚落，那么"器物坑"则在一些中小型聚落也能够看到。位于三峡的宜昌中堡岛遗址，在80 平方米的范围内发现了 23 个器物坑（图六四）。这些器物坑多为椭圆形，极少数近圆形，斜壁或直壁，坑底多为平底，形制较为规整，一共出土了 1 000 余件器物。

图六四　中堡岛遗址出土的祭祀坑

其中陶器约占85%，石器和玉器约占15%，而且分层呈现，存放位置和器物方向、器类以及器物组合均有规律可循。这与三峡地区新石器时代灰坑或墓葬出土物"贫瘠"或残破的现象形成了巨大反差。因此，这23座坑应是特殊的祭祀坑[68]。从密集的打破关系来看，这些坑的形成很可能经历了多次祭祀行为。有意思的是，这些器物坑的北面就是长江，同时期的文化层里也包含有较多的鱼骨渣。可见祭祀江水的功能应该是首要的，毕竟中堡岛所在的峡江地区，更多依赖渔猎获取资源，对于江水的敬畏要强于平原地区。

在金鸡岭遗址，考古发现了建窑时的祭祀遗迹。在一座编号为Y2的南部，发现一座墓葬（编号为M9），墓坑为长方形，坑内无任何随葬品。坑内墓主四肢有明显的捆绑现象，全身骨骼呈扭曲状，两手交叉位于肋骨下，两腿下段交叉，与上段分离，一脚与下肢分开较远，断裂处断痕锐利整齐，可能为利器砍砸，应是非正常死亡。发掘者推测与窑址奠基或生产过程中的某种祭祀活动有关[69]。其实，这一动机不难理解。陶器作为史前社会最为重要的日常生活用品，制陶业是当时最为重要的手工业活动之一，在陶器生产设施的旁边举行仪式性活动，是对制陶活动的重视。

整体来看，屈家岭文化延续了两湖地区以"祭坛"为仪式空间的宗教理念，并创造性地加入了筒形器、四耳器等祭祀神器，构成了核心的礼仪设施。目前发现的"祭坛"的构造和形制基本相似，而且主要见于屈家岭文化城址内部，只是具体的方位在各个城址有所不同，而且这类仪式性活动似乎以祭祀先祖为主要内容。与之相关，一些聚落根据当地社众的实际需求，通过特殊的遗迹，祭祀专门的神灵，完成所需的仪式性活动。

值得注意的是，从目前的考古资料来看，出土筒形器、四耳器的遗址均是当时的核心都邑或中心聚落（图六五）。具体来看，石家河遗址发现有大量成组的筒形器和四耳器，也暗示着重要仪式性活动在该聚落的频繁举行。除了石家河都邑之外，屈家岭、城河、阴湘城等城壕聚落亦出土过筒形器和四耳器，鄂西北的青龙泉遗址也可看到四耳器残件。其中，位于汉东地区的屈家岭遗址，尽管没有发现城垣

图六五　屈家岭文化筒形器与四耳器分布

设施，但宽大复杂的环壕、分布密集的聚落群，彰显着该遗址的重要地位；同时，持续的考古工作表明，城河遗址是汉西地区的重要权力中心，是规模仅次于石家河城的核心城址；阴湘城是连通江汉平原与洞庭湖区域的关键聚落，是荆江北岸的重要城址。整体来看，虽然这些遗址出土的筒形器、四耳器不及石家河遗址相关遗存数量多、规模大，但这些遗址无一不是所在区域的中心性聚落。

研究显示，一方面，屈家岭文化的信仰控制体系在一定程度上呈现出统一性，不同地域的一些重要聚落统一使用筒形器、四耳器等遗存参与仪式性活动；另一方面，屈家岭文化信仰控制体系可能存在着多元现象，即不同的区域中心聚落都可以举行以筒形器、四耳器为用具的高等级仪式活动，只是规模大小有差异[70]。

并立：扣碗与扣豆的线索

扣碗与扣豆是屈家岭文化的特色遗存，也是"屈家岭文化的基本祭仪礼器"[71]。前者为"两碗对扣正置"[72]（图六六），后者则是"两豆对扣正置"（图六七）。屈

图六六　屈家岭遗址出土屈家岭文化扣碗　　　图六七　城河遗址出土屈家岭文化扣豆

家岭文化扣碗遗存早在石家河城内西北部的邓家湾遗址发掘时就有所发现。当时在T11、T12 的同一层位中发现了排列有序的扣碗，而且分布范围较大，排列间距较远，但是这些扣碗的空间分布特征以及置放或埋藏方式，报告没有详细描述[73]。不过，在出土扣碗的两个探方内，发现了"由红烧土、灰烬堆积和柱洞"组成的特殊遗迹，尤其出土了有错位的小孩骨架以及烧焦的兽骨，邻近区域还发现了大片筒形器堆积。这些现象表明扣碗遗存很可能与某种宗教活动有关。发掘者推测这些迹象应该是祭祀祖先时燃火和焚烧祭品所遗，而扣碗则是相关活动的"祭器"。此外，肖家屋脊 F15 是一座"凹"字形院落建筑的重要组成部分，占据着院落建筑东北角，房屋中部设置有一座直径约 1.1 米的灶坑，在灶坑西侧出土了两对扣碗[74]。在中国古代，灶后被称为"中霤"，具有仪式空间的意义[75]。在如此建筑内的灶坑旁放置"扣碗"，显然有着特殊寓意。

迄今的考古资料表明，屈家岭文化的扣豆遗存仅见于城河遗址[76]。该遗址为屈家岭—石家河文化时期的重要城址，城垣规模要小于石家河遗址。扣豆遗存出土于城内西北部，与邓家湾在石家河城的空间位置相仿。不过，城河遗址出土扣豆处没有发现筒形器、小孩骨架等宗教遗存，说明它与邓家湾的使用情景可能不同。在城河遗址，扣豆出土地早期为低洼地，历经多次堆积，而扣豆遗存呈坑状填埋，上下均为夹杂红烧土颗粒的地层，或许是某次平整活动所留。这与金鸡岭扣碗遗存的填埋场景接近。

因此，扣碗和扣豆存在多种出土情景，见于活动面、灶坑旁、房屋垫土或地层的情况都有，不同的出土情景应该对应着不同类别的仪式性活动。

作为盛放用具，在碗或豆内放置食物以示飨礼，在历史文献和民族学资料中屡见不鲜，在当今农村的一些仪式性活动中也常常能够看到[77]。不过，有民族学资料亦提示，扣碗可能用于盛装非食物的物质，例如湖南土家族就曾有过使用扣碗盛放骨灰的现象[78]。目前，尽管我们尚不清楚屈家岭文化扣碗和扣豆内盛装的物质，但从出土情景来看，作为仪式性活动用具的功能则是不言而喻的。

值得关注的是，屈家岭文化时期，以扣碗或扣豆为组合的用器方式，似乎在不同聚落（地域）中呈现出一定的空间特征（表三）。

表三 不同阶段用器组合情况

	汉东地区			汉西地区		南阳盆地
	屈家岭	石家河	金鸡岭	城河	阴湘城	八里岗
石家河文化		碗＋碗		碗＋碗	碗＋小盆	
屈家岭文化		碗＋碗	碗＋碗	豆＋豆		碗＋碗
油子岭文化	碗＋碗（豆）					

具体来看，在汉东地区的石家河城内西北部的邓家湾遗址举行的盛大仪式性活动中，采用扣碗作祭具。同样属于汉东地区的金鸡岭遗址，扣碗亦是主要的用器形式。然而，在汉西地区的城河遗址，尽管相关遗存也出于城内西北部，却采用"豆＋豆"的形式。同时，充当器具的陶豆为磨光黑陶，形制精美，镂空纹样复杂。类似纹样的陶豆在墓葬区有大量发现，反而少见于居住区[79]，很可能为有针对性地生产制作而成。

换言之，扣碗与扣豆遗存在汉水两岸有着不同的分布范围，汉东地区以扣碗为主，汉西地区则以扣豆为核心。结合其他仪式性遗存的兴衰可知，屈家岭文化构建的信仰控制体系在共通的基础上，也存在着明显的区域个性。

分化：用钺规范的形成

钺是权力与威严的象征物之一。已有的研究显示，钺从单纯的砍劈工具，发展成为兼具"礼仪性"和"武器性"的特殊器物（图六八），展示出双重社会功能。尤其是距今 5 500 年前后，伴随着长江中游地区史前社会的动荡和整合，大量的钺被投入关隘性区域和文化接触地带，它们很多被普通"战士"所持有，充当近战武器。在这一时期，或者具有特殊材质、精心装饰的石钺（也有普通石钺，但很少），

图六八　城河遗址出土玉石钺

才被赋予军权或王权的专属礼仪性象征。换言之，执钺者们的地位等级是不尽相同的，有可能是王者或军事首领，也有可能是普通社众。而且，就目前的考古资料而言，钺的礼仪性意义在长江中游的出现，似乎存在"边缘起源"的发展形式。

　　到屈家岭文化时期，钺的礼仪性特征得到进一步强化。其分布与聚落规模之间呈现出一定的关联，并在一些墓地中表现出用钺的规范现象，而且利用钺所带来的天然威慑力以宣扬对偏远地区的开拓。

　　这一时期，长江中游地区的史前文化进入了空前统一的繁荣阶段，但与大溪、油子岭文化相比，出土石钺的个体数量和遗址数量有所减少。从分布的范围来看，除了三峡腹地之外，玉石钺在各地区都有出土，而且类型和数量大多比较均匀，唯有鄂东南地区的出土率高于其他区域。如果参照聚落规模和文化属性，则可将出土玉石钺的遗址分为如下几类：城头山[80]、走马岭[81]、鸡鸣城[82]、阴湘城[83]、城河[84]、肖家屋脊[85]、叶家庙[86]等遗址为城址；关庙山[87]、放鹰台[88]、青龙泉、大寺[89]、沟湾[90]、八里岗[91]为所在区域的中心聚落；高坎垅[92]、穆林头[93]分别是最深入湘西南、鄂西北山区的屈家岭文化遗址；鄂东南的鼓山[94]、陆墩[95]、塞墩[96]则是薛家岗文化遗址。

在这些遗址中，在屈家岭文化的核心区内，玉石钺多见于城址和中心聚落，暗示了玉石钺与聚落规模之间可能存在一定的联系。

除了上述关联之外，在一些聚落，不同材质钺的使用者之间亦有区别。城河遗址王家榜墓地迄今发现了 200 余座屈家岭文化墓葬，大型墓、中型墓、次中型墓、小型墓均有。发掘显示，精美的玉钺多出自大型墓，普通石钺则见于中型墓和次中型墓，但在小型墓中没有看到随葬玉石钺的现象[97]。钺与不同规模墓葬之间的对应关系，代表了城河社群可能存在的用钺规范。然而，这种规范现象似乎不具备普及性和强制性。城头山 M425 出土陶器 101 件，是该遗址屈家岭文化墓地出土器物最多者，却没有随葬钺，反而仅有 6 件随葬品的 M420 出土了 1 件石钺[98]。

与江汉平原和洞庭湖地区腹地不同，无论是高坎垅遗址所在的怀化地区，还是穆林头遗址所在的保康地区，都以山地著称，相关聚落十分稀少，但出土了高规格的屈家岭文化墓葬，而且均随葬玉钺。它们远离屈家岭文化的传统核心区，墓主孤军深入鄂西北、湘西南山地，或许要借助玉钺以实现武力威慑、凝聚部众的目的，也反映了江汉文明对山地世界的开拓。

在屈家岭文化分布区的东部，是长期与之互动的薛家岗文化。塞墩、鼓山、陆墩等遗址玉石钺出于不同等级的墓葬之中，应该是延续了前期的功能特征和社会意义。此外，陆墩遗址的 M3、M19 是整个墓地最高规格的墓葬，出土的虽是石钺，却配置了精致的骨镦[99]。这表明薛家岗文化开始通过提升配件的华丽程度以彰显钺之威仪。

可见，与大溪、油子岭文化晚期相比，屈家岭文化钺作为单纯武器的绝对数量减少，可能与当时的文化格局和社会发展特征有关。屈家岭文化主导完成了长江中游文化共同体的形成，文化态势相对稳定，加之大量的城壕聚落拔地而起，高大城垣和宽深壕沟本身就能远距离阻止外来势力的入侵，大大降低了近身作战的概率。已有的研究亦显示，屈家岭文化时期长江中游地区开始出现大量的镞[100]。钺与镞的此消彼长，从侧面也说明作为近战武器的钺，其使用情况发生了变化。

第四章

城的主人：谁住在那里？

柴尔德在《城市革命》一书中列举了城市起源的十条标准，核心标准之一是在有限的区域中集中了较多的人口。特里格认为"城市是一种实施与大小村落联系的种种机能的人口聚居中心"[1]。尽管屈家岭文化城址与他们所说的"城市"之间仍有诸多区别，但人口规模是中心聚落的核心要素，而屈家岭文化城址几乎都是所在区域的中心聚落。人口压力引起的社众生计问题是推动城壕修建的主要动力，而在营建城池的过程中是否促进社会组织结构的演进并衍生出特权阶层，则有待于更丰富的证据出现。

规模：人口数量的评估

建造规模巨大的城池需要数量充足的劳动力。关于屈家岭文化城址的人口规模推算，以石家河和城头山最为翔实。

前文已经提及，屈家岭文化时期石家河遗址群的面积为 6 平方公里，城内面积达 120 万平方米，是屈家岭文化城址群中规模最大者。20 世纪 80 年代末、90 年代初，在对石家河遗址群的调查过程中，考古工作者注意到，石家河遗址群主体所在的土城乡当时拥有现代农业人口 1 869 人，分属 20 个自然村。但并不是所有土城乡的现代村落下都有古代遗址，发现了古代遗存的村庄也不一定都属于土城乡。综合折算，遗址群范围内的自然村和人口数应小于以上统计。

有意思的是，调查发现城垣以外的遗址个数和现代村落个数基本相同，遗址面积有的较现代村落大，也有的比现代村落小，而这个范围内的现代人口约有1 200人。然而，城垣内则有很大不同。城内有三房湾、谭家岭、杨家湾等5个现代村庄，人口在450人左右。古代遗存的分布面积却占了城内总面积的二分之一至三分之二，远大于现代村落居住区的占地面积。以谭家岭台地为例，现代村落位于台地中部偏北处，其余部分几乎全部是耕地，而古代建筑遗存遍布整个台地。若按照现在村落的居住区面积和人口计算，当时的石家河城内居民当以万计。如果参照严文明先生关于仰韶文化早期姜寨聚落人口的复原研究，2万平方米的人口约有450～600人，以此换算，石家河城内应有居民22 500～30 000人[2]。尽管这些数据为估算所得，加之两湖平原的人群多居于非连续的台地之上，未必能够反映石家河城人口规模的真实情况。但是从石家河城垣工程的规模和能够承担这种巨大工程的人力物力，以及石家河遗址群在长江中游独一无二的地位等考虑，当时的人口数量要远大于现代土城乡的规模。

城头山遗址的面积仅有8万平方米，仅相当于石家河城的十五分之一。有人计算建造城头山城墙的用工量，以南门和东北城墙、护城河所留下的切面进行估算，要建成完整的城墙和护城河系统，需要劳力约47万人次，按每天人均1方计，如果每天投入200个成人劳力，需要6～7年；以东北城墙和护城河估算，需要总劳力约20万人次，如果每天投入200个成人劳力，则需要2～3年才能建成[3]。当然，如果按照考古发掘显示的秋冬季筑城来看，要在固定时间内完成整个筑城活动，单日内需要投入更多的劳动力，所以城头山的居民及能动员的劳力数量应在该数据之上。

由于年代久远，关于城址人口规模的这些推算研究，尽管难以验证，但为我们了解屈家岭文化不同规模城址的人口数量提供了一些参考。

社众：城内外的居民结构

如前所述，屈家岭文化城址和环壕聚落内外常常由多个聚落点组成。例如，屈家岭遗址就由屈家岭、钟家岭、冢子坝等聚落组成；石家河遗址包括邓家湾、肖家屋脊、三房湾、蓄树岭等近 20 处聚落点。这些聚落点分散于遗址的不同方位，共同组成庞大的聚落群。

如此聚落景观的形成，一方面与零散台地构成的丘陵地貌有关；另一方面可能受到城壕聚落内外的社群结构的影响。对于前者不难理解，两湖地区的自然地貌以丘陵台地为基本单元，高低起伏不平，先民们因地制宜，居住于不同的台地之上。即使在当代湖北农村，村民们也是利用地形地貌，分散居住于不同的"湾子"或岗地之上。对于后者，则需要对聚落点内部的遗存进行考古发掘和分析，探索不同遗存之间的空间关系，判断聚落点内部能否构成独立的聚落单元。

一般而言，房屋、灰坑等居住类遗存以及墓葬，再现了聚落点居民的生死场所。二者同时出现在单独的聚落点，意味着该聚落点构成了完整的聚落单元。同时，房屋建筑的组合方式、墓地的分区和排序，所有的物化现象都可能是聚落族群关系的呈现。

（一）并立的血缘家族——石家河与城头山

聚落和墓葬是探索城内外人口构成的关键支撑。石家河遗址的发掘揭露了 3 处主要墓地，第一处是位于城内西北的邓家湾，第二处是在城外东南部的肖家屋脊，第三处是位于城外西北的朱家坟头。

邓家湾发掘面积 1 605 平方米，发现屈家岭文化晚期墓葬 52 座、瓮棺葬 15 座，石家河文化早期墓葬 43 座、瓮棺葬 23 座（图六九）。屈家岭文化的墓葬大多位于发掘区的西北部，墓向均为东北—西南向，只有少数几座分布在发掘区南部，墓向多为东西向，也许还分为不同葬区。石家河文化的墓葬则大多分布在发掘区的

图六九　石家河古城邓家湾遗址出土瓮棺和土坑墓

南部，只有少数几座分布在西北部，多数墓葬的墓向仍为东北—西南向。显然，邓家湾是一处连续下葬的墓地，下葬的次序应是从北向南发展。

肖家屋脊遗址发掘面积6 710平方米，发现屈家岭文化晚期墓葬37座、瓮棺葬5座，石家河文化早期墓葬23座、瓮棺葬9座，以及肖家屋脊文化瓮棺葬77座。多数墓葬集中分布于相对分开的三片墓区，每片墓区只有十几到二十几座墓葬，且都有屈家岭文化墓葬。其中，东区墓葬16座、南区6座、北区11座。这几片墓区就分布在相应的居住房屋旁边。如东区墓地就在F15、F13等几座房屋旁边，表明该墓地就是这些房屋居民的葬地。有意思的是，这些房屋在空间上构成了一处"凹"字形院落，院落里的居民则很可能是一个家族或扩大家庭[14]。这样的院落加小型墓区的结构，应该反映了一个家族或扩大家庭的生死空间。此外，从器物形态的变化规律来看，墓葬随葬器物具有明显的早晚变化规律，据此甚至能够判断出各墓区内部每座墓葬的下葬顺序。借助随葬陶器的形制比较，亦能够发现北区相对东区墓葬的年代是一致的。由此可知，至少北区和东区墓葬，当代表了两个家族的坟山，它们分别占据了不同的空间。

朱家坟头为基本揭露完整的一处屈家岭文化至石家河文化时期的墓地，共发现31座屈家岭文化墓葬，主要集中分布在遗址中部和南部。墓葬排列有一定规律，据墓葬朝向，可分为东北—西南、西北—东南两类，其中东北—西南向最多。从随葬器物的年代来看，东北—西南向墓葬以屈家岭文化早中期为主，屈家岭文化晚期墓葬则以西北—东南向为多，前后两阶段墓葬的墓向明显不同，意味着墓主应是拥有不同葬俗的人群。

从这三处墓地可以看出，石家河遗址群没有形成整个遗址群共用的公共墓地。无论是朱家坟头还是肖家屋脊，墓地之内或设置独立的墓区，或存在墓向差异，说明这两处墓地的墓主构成相对复杂，而且反映了两类现象：一类是在朱家坟头，墓地在固定时期为一个家族独立拥有，而墓向差异则对应家族内部早晚不同时期葬俗发生变化的人群，或是前后两拨不同家族的人群；另一类在肖家屋脊，墓地为同一时期不同家族共同使用，不同墓区则对应不同的家族，这些家族或因为社会关系，或因为亲缘关系，选择在一处墓地埋葬，因为他们共同居住于肖家屋脊这个地点而葬在了一起。

墓地是墓主生前亲缘关系的再现。结合肖家屋脊不同墓区与房屋单元之间的空间群聚关系，可以看出肖家屋脊是由多个家族共同居住的。

从聚落和墓葬的分布空间来看，组成石家河遗址群的近20处遗址点，应该都是单独的聚落，而且肖家屋脊、朱家坟头、邓家湾的考古发掘显示，每个聚落很可能是居葬合一的生死场所。十几乃至二十几座墓葬构成的墓地，是一个基本的居住单元（院落中的居民，很可能是一个家族）的葬地。诸如肖家屋脊这样的聚落点，则可能由多个家族共同居住。由于肖家屋脊在整个石家河聚落中位置一般，这里的院落和墓地应反映了整个石家河大聚落中最基本的构成。

那么，不同聚落点，尤其城内外聚落点的居民，在身份等级以及财富占有方面是否存在差异呢？考古发掘显示，邓家湾与肖家屋脊墓葬的葬制，如墓向、葬式、墓葬结构以及随葬品的种类基本一致，二者之间的差别仅在于随葬品的数量。肖家屋脊墓葬的数量仅为邓家湾的近一半，但随葬器物总数却比邓家湾多，特别是肖家屋脊最大的墓葬随葬器物要比邓家湾最大的墓葬多出一倍。由此说明，邓家湾虽在城内，且邻近大型祭祀场所，但其居民身份似乎并不比肖家屋脊的更高。换言之，邓家湾族群身份也应是普通社众，只不过他们的居住地很可能在城内。

与之相比，位于城外西北的朱家坟头（图七〇），墓葬中的随葬品较为贫瘠，无法与邓家湾和肖家屋脊相比拟，表明朱家坟头家族在石家河遗址群内的地位并不高，可能属于石家河城周边附属聚落的普通家族（图七一）。综合三处墓地的信息来看，石家河遗址群内部，各族群之间已经出现了贫富差异。

石家河遗址呈现出的社群差异，在屈家岭遗址的聚落探索中也有体现。该聚落群包括了十几处聚落点，其中屈家岭、钟家岭、冢子坝三个聚落点共同构成了70万平方米的环壕聚落。由于屈家岭遗址目前没有发现屈家岭文化时期的明确墓地，所以每个聚落点能否构成独立的聚落单元尚不清楚。但是，从聚落点的面积和文化堆积状况来看，不同聚落点之间应该有重要和一般之分。其中，屈家岭聚落点无疑规模最大，地位最为重要，所在台地的面积就达28万平方米，大部分区域覆盖有文化堆积，厚度达1～2米；其次是冢子坝，所在台地面积21万平方米；钟家岭则相对较小，保留文化堆积的面积仅5.5万平方米。仅聚落规模方面，各聚落点的地位可见一斑。

汉东地区的陶家湖、门板湾、笑城、叶家庙等城址的调查和发掘面积不大，但从聚落点的分布来看，当时的人群似乎也在城内外分散居住，有可能与屈家岭、石家河遗址的情况类似，由多个家族共同使用。而且，根据面积和规模的大小之别，各城址内外不同聚落点之间存在类似于屈家岭那样的等级差异。

在长江以南的城头山古城，系统的考古工作揭示出大量的房屋建筑和墓葬，为我们分析该城的人口构成提供了信息支撑。屈家岭文化时期，城头山城内中部偏西位置，发现了许多房屋建筑。最初建造的房屋F88是一座由多个房间组成的连体建筑群落。这组建筑群的废弃与F23、F57、F87的兴建有直接关系，可以理解为这

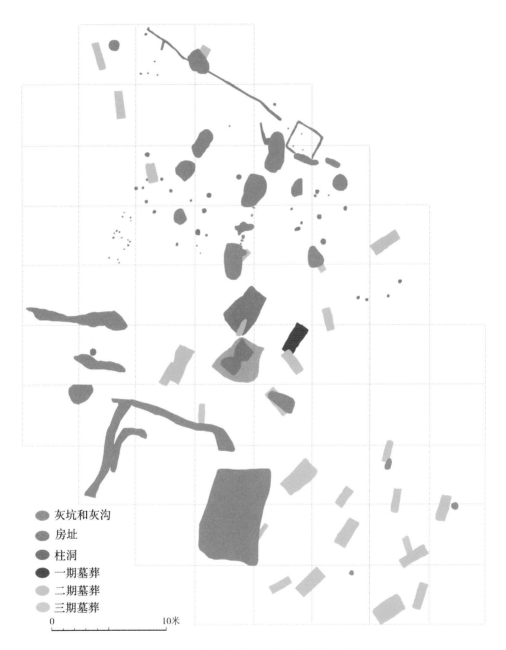

灰坑和灰沟

房址

柱洞

一期墓葬

二期墓葬

三期墓葬

0　　　　　　　10米

图七〇　石家河古城朱家坟头墓地遗存分布

图七一　石家河古城朱家坟头墓地 M01

三组建筑稍晚于 F88 建筑群落。其中，F23 紧邻 F57，而 F87 与 F23、F57 隔着两条沟和一条红烧土路面。从遗迹形状来看，F23 较小，仅东西两个房间，但在这里发现了 4 个灶，基本占据了 F23 西边房间的大半，F23 东边的房间更小，可见 F23 并不是一处独立的生活起居单位，而应是 F57 的附属设施或厨房所在。主体建筑 F57 有五个主室四个侧室，若每一个主室由一对成年夫妇居住，每一个侧室由两个未成年小孩居住，则 F57 有 18 人之多，显然是一个扩大家庭（图七二）。

从平面上推测，在这片建筑的西南，应该还有与 F57 相对的建筑单元，F87 位于这两组建筑单元的中间，可能是一处公共建筑。这些建筑以 F87 为轴心分列东、西两排，每一排可能居住着一个扩大家庭，两排建筑或为一个大的家族。这个家族拥有 F87 作为公共活动和祭祀的场地。在这个家族的北部，有一片红烧土路面和一个广场，可能是另一个家族的居住区。如此，这两个家族组成了城头山西部聚落的建筑居住区，扩大家庭则是基本的生产和消费单位[5]。

图七二　城头山遗址 F87 复原图

不同家族共同居住于城内，在墓地的埋葬方面也有体现。城头山城内设置有专属的墓地，墓地之外几乎没有发现墓葬。然而，墓地并非井然有序，相互之间存在着复杂的叠压、打破关系，墓葬方向也并不一致，给人的感觉是较为杂乱[6]，不应为同一家族所有，很可能是多个家族共同使用的。

（二）整合的区域社群——城河

与汉东地区的石家河、屈家岭遗址不同，汉西地区的城河遗址则表现出新型城址的人口构成特征。该城址内部由中部台地、东部岗地以及紧邻城垣内侧的内坡台地组成。勘探和发掘显示，中部台地的面积最大，占据着城内核心区域。在这里发现了大量公共设施，如祭祀区、陶器生产区、红烧土铺垫的广场等，可见该区域不能作为独立的聚落点看待，很可能是城中所有社群的公用场地。同时，在中部台地，发现了一座面积近 800 平方米的大型院落式建筑；在其周边则围绕着一些面积不足 20 平方米，甚至仅 10 平方米的以红烧土为墙的中小型房屋；在中部台地外围的东部台地和城垣内坡台地，则是一些简陋的半地穴式或立柱式建筑。不同房屋的规模和建筑工艺差异可见一斑。

由于所有的建筑仅保存有墙基或部分地面，而屋内设施、物品已荡然无存，所以关于各房屋功能或其主人身份的精准判断并不容易，只能在梳理已有信息的基础上作出推测。

根据房屋规模大小和结构复杂程度判断，位居城址最中心的大型院落式建筑无疑要比其他中小型房屋重要。这种重要性往往体现在功能和屋主人身份两个方面。从房屋的功能来看，该院落式建筑其实由分间的排房组成，每间房屋的面积大概在二三十平方米。尽管这样的单间房屋面积确实大于普通房屋，但即使承担公共礼仪性功能，恐怕也只能举办小型的聚集活动。原因在于这样的分间房屋面积明显狭小，并且排房的分间特征并不利于大型公共活动的举办。因此，院落建筑更多的功能可能还是跟居住有关。如果此判断成立，那么该房屋所呈现出的面积大、分间多、半封闭式的院落特征，应与屋主人的身份存在联系。换言之，院落建筑的主人有可能是城河城的"王者"。而院内的多间房屋建筑则提示，与"王者"有关的扩大家庭或家族可能也生活于此。在大型院落式建筑的外围以及东部台地、城垣内坡台地等地点的中小型房屋，应该为城内普通社众所有。

房屋建筑展示出的人群差异，在墓葬等级上也有体现。城外的王家塝墓地，迄今已发现屈家岭文化墓葬近 300 座。在发掘区内，面积在 10 平方米以上或接近 10 平方米的大型墓葬有 7 座，其他墓葬的开口面积仅 0.6～6 平方米。大型墓葬分别位于墓地的中、东北、西北、西南等方位，而中、小型墓葬在墓地范围内均有分布，且墓向不尽相同，但似乎存在部分小型墓葬围绕大型墓葬呈单元状分布的现象（图七三）。由于大量的随葬品正在整理和修复之中，我们无法精准判定这种单元状的分布现象是家族式亲缘关系造就的，还是年代变迁所致。但是，大、中型墓葬有体量巨大的棺木和精美的玉钺、石钺、漆器、象牙器以及大量磨光黑陶、猪卜颌骨等遗物，并在填土中发现填埋瓮、罐、夹砂红陶缸及其他陶器组合的现象；小型墓葬的葬具和规模较小，随葬品的种类不及大、中型墓葬丰富，填土中几无其他物品，甚至还发现几座小墓共用一个陶器坑的现象。因此，从墓葬

图七三　城河遗址王家塝墓地分布范围

规模、葬具、随葬品的情况来看，与城内建筑所揭示的现象接近，即当时已经出现明显的社会分化。

这种金字塔式的社会结构，尤其是城内独一无二的院落式建筑、数量众多的普通房屋，以及先民共同埋葬于整体规划的墓地中，与石家河、城头山表现出来的多个血缘家族鲜明并立的现象不同。这些现象揭示出较强的、超越家族的控制力和凝聚力，很可能意味着城内居民出现了社群区域化的趋势。当然，城河墓地中出现的群组现象，与严格意义上的区域性社群仍有所不同，很可能反映了血缘家族与区域性社群之间的整合形态。

多样：人口增长方式

一般而言，人口的增长分为两种模式，一种为自然增长，即新出生的人口多于死亡人口；另一种为迁移增长，即迁入人口多于死亡人口和迁出人口。在史前时期，生产力是制约人口的决定性因素，人口的自然变动、迁移变动和社会变动，无不受生产力发展的制约。除了生产力之外，文化格局、社群控制模式、重大事件等，也是影响人口自然增长和人口迁徙的重要因素。

目前确定人口增长的考古学方法主要有四种，即聚落资料、生物考古学遗物、民族历史学资料、墓葬资料。这四种方法对于人口研究各有适用性，但都存在自身的不足。生物考古学遗物受保存条件、发表资料等限制，基本的数据不足以支撑相关研究。民族历史学资料对于史前人口数量研究仅具有借鉴意义。在实际考古学资料层面，聚落规模和数量、墓葬葬仪变化是管窥人口增长方式的重要切口[7]。

对于在早期聚落的基础上发展形成的城，人口的自然增长应是其社群壮大的重要支撑，但在这期间，究竟有没有人口迁移增长？

如前所述，城头山遗址屈家岭文化时期出现了规模巨大的城池，仅垣墙外的护城河就宽 40～50 米。有学者认为，如此庞大的城池和护城河，以城头山聚落自身是无法完成的，很可能聚落之外的人员也参与了这项工作[8]。如果此说成立，那么城头山人口的增长方式可能较为复杂，除了原有聚落内部社群的自然增长之外，还有为筑城而征调的人员，这类人员应该属于迁移增长的范畴。

尽管城头山屈家岭文化延续了油子岭文化的墓地空间，而且墓地之外几乎没有发现墓葬，但墓地内并非井然有序，墓葬之间存在着复杂的叠压、打破关系，墓葬方向也并不一致，给人的感觉是较为杂乱[9]。这说明墓地并未遵循家族墓地的排列方式，该墓地是整个城的公共墓地。公共墓地在城头山的出现，意味着社群之间不完全是血缘关系的聚合，迁移人口也出现在了城内。

汉东地区的石家河城是一座在早期城址的基础上不断增长和改建的都邑性城，考古发现的屈家岭文化墓地已有多处，包括邓家湾、肖家屋脊、朱家坟头等。

邓家湾墓地是汉东地区土坑墓发掘数量最多、随葬品最丰富、延续时间最长且阶段性变化最明显的一处墓地，而且这处墓地呈长条状分布，墓葬方向大体接近。根据墓地出土随葬品来看，墓地从屈家岭文化早期延续至石家河文化，打破关系少见。器物形态呈现出四期七段的阶段特征，演变逻辑清楚、顺畅，意味着其很可能系当时家族墓地[10]。值得注意的是，M4、M45、M104 等墓葬出土的部分器物，在形态上仍保留着油子岭文化晚期的因素，同时从演变趋势上又显示出年代稍晚的迹象，具有油子岭文化晚期向屈家岭文化过渡的特征。这些现象表明邓家湾墓地是油子岭相关遗存自然发展的结果，墓地主人为迁移而来的可能性不大。

位于南城垣外的肖家屋脊墓地，属于屈家岭文化时期的墓葬有 16 座，集中分布于 AT1216、AT1217、AT1116、AT1117 四个探方中，随葬品形态与数量基本没有差别，说明这片不大的墓地应属于一个家族[11]。

新近发掘的朱家坟头墓地位于石家河城外西北部，年代以屈家岭文化为主，并有少量的石家河文化墓葬。从墓地布局来看，墓葬排列有一定规律，打破关系极少，而且墓地经历了连续稳定的使用过程。但是，墓地内同一时期的墓葬方向不太一致，甚至可分为三类，说明该墓地很可能是一处公共墓地。结合陶片堆积叠压部分墓葬的迹象，发掘者认为墓主的后人还对部分墓葬举行过祭祀活动[12]。这与邓家湾针对整个墓地举行的统一的祭祀场景不同，从侧面反映出朱家坟头可能为公共墓地。该墓地出土的随葬品数量远远不如邓家湾和肖家屋脊墓地丰富，器物组合中也没有邓家湾、肖家屋脊普遍有高领罐，说明朱家坟头墓地的社群与邓家湾、肖家屋脊的人群存在区别。

多处墓地散布于石家河城内外，表明石家河聚落没有统一的公共墓地。邓家湾、肖家屋脊的家族墓地，以及朱家坟头的公共墓地，可能代表了石家河人群的不同构成，即以血缘为核心的家族和血缘纽带不强的人群。前者与人口的自然增长关系密切，后者或许与人口迁移增长存在关联。

已有的考古工作显示，走马岭城西北至北部发现大量房址、灰坑、灰沟等居住类遗迹，东部则存在一定数量的墓葬。但是，东部能否作为整个城址的公共墓地还有待于探索，其人口增长方式亦不可知。

如前所述，与城头山、石家河不同，城河遗址是屈家岭文化在汉水西岸新建的城。位于城址北垣外侧高岗上的王家塝墓地，是迄今为止发现的规模最大、保存最完整的屈家岭文化墓地。这些墓葬棺具明确，葬俗独特，随葬品丰富，等级明显。墓地中面积在 10 平方米以上或接近 10 平方米的大型墓葬有 7 座，分别位于墓地的中部、东北部、西北部和西南部四个位置。大型墓葬的头向非常一致，均指向城址，而中小型墓葬的方向不尽相同，能够看出有部分中小型墓葬围绕大型墓葬呈单元状分布的现象。而且，墓葬之间的打破关系极少，即使墓地边缘的黑灰土、红烧土等遗存亦与墓葬区分明确。

最能够展示社群葬仪理念的葬具呈现出多样现象。从葬具遗留的痕迹看，葬具种类十分丰富，长方形边框构成的板棺和整木掏空的独木棺，两类截然不同的葬具均被使用。除了大小不一之外，其形制结构也较为复杂多样（图七四）；盖板向上弧凸的程度差异明显；侧壁有的斜直，有的外弧；两端的挡板，有的与底板浑然一体，有的则与底板拼接。

图七四　城河遗址王家塝墓地出土葬具情况

　　显然，王家塝墓地是一处经过规划的公共墓地。而中小型墓葬围绕不同方位大墓以及丰富多样的葬具的现象，表明该墓地为不同人群共同使用。

　　据已有的研究揭露，崛起于汉东地区的油子岭文化与峡江、洞庭湖西岸的大溪文化之间有过对峙取代的过程[13]，而城河城所在的汉西地区正是二者长期拉锯的核心地带。大致在大溪文化三期之后，大溪文化全面退出，油子岭文化开始占据汉西地区。这一时期，汉东地区修建了龙嘴、谭家岭等城，扩建了长江以南地区的城头山，又新建了走马岭城。处于汉西地区、大溪文化修筑的叶家湾环壕聚落已经废弃，取而代之的是江家咀、官山嘴等油子岭文化的小型聚落。发展至屈家岭文化时期，汉西地区修筑了城河、马家垸等重要的城，而且人口数量进入高峰，间隔不到5公里就有一处聚落出现[14]，城河城周边更是聚合起了附属聚落群。

　　聚落数量的突然增加、崭新城池的拔地而起、公共墓地的规划有序、墓葬葬仪的丰富多样，很难从人口自然增长的角度得到解释，城河城的修建应与人口的迁移和汇聚有一定关联。

同样，七星墩城所在的大荆湖地区至今未发现早于七星墩聚落的遗址，七星墩遗址也没有发现早于城址的遗存。屈家岭文化时期先民迁移至此，修筑了高大复杂的"外圆内方"的城池[15]。

由此可知，屈家岭文化时期，在早期聚落基础上发展而来的城，人口的自然增长和迁徙增长都有。在现有考古资料的基础上，二者确实难以完全区别。与之不同，从聚落数量、墓地葬仪等角度来观察，营建的全新城池则明显为人口的迁移增长所致。

此外，从油子岭文化到屈家岭文化，血缘组织向地缘组织转变。在旧有中心聚落建立起来的城，墓地表现形式较为复杂，有公共墓地，也有家族墓地。而新建的全新的城，则设置有供整个城内居民使用的大型公共墓地。

因果：人口增长与城址修建的关联

从聚落形态的发展演变看，屈家岭文化古城是由多级城池构成的复杂体系，是人口增长的必然结果。有学者从聚落的规模和数量发现，在早期向大溪文化发展的过程中，长江中游人口增长速率为每百年 12.8%，相当缓慢；由大溪文化向屈家岭文化发展的过程中，人口增长加快，达到每百年 23.33% 的高速[16]。在人口出现较大幅度增长的同时，到屈家岭文化时期，开创于彭头山、汤家岗文化的城壕聚落所拥有的良好管水、防御功能已为人熟知，生产力的大发展和人口的大增长为大规模营建城池准备了条件。

从普通聚落演变为城，是聚落形态发展史上的一次飞跃性变化。通过城壕等公共设施的修建，人们的凝聚力得到加强，协作劳动能力得到提高。当外力侵犯威胁人们的生存时，城壕聚落的优势得以体现。人们不再因自然灾害或人为灾难远走他乡，而是利用高大宽深的城壕抵御外力威胁，在当地获得持续发展。

那么，这些城的出现是人口增长所致，还是有了城之后出现的人口"虹吸效应"？

就城头山、石家河等城而言，屈家岭文化的城是建立在原有的油子岭文化城的基础之上的，是中心聚落的再发展。通过上文的分析已经阐明，这类城的人口增长既有自然增长，也有迁移增长。在石家河周边的一项系统调查表明，油子岭文化时期的遗址仅 1 处；到屈家岭文化时期，石家河周边的聚落达到了18 处[17]。聚落的猛然增加，意味着人口的爆炸式增长。然而，由于调查资料的最大精度是确定某一考古学文化，无法再进行早晚段区别；而已有的研究显示，石家河大城兴建于屈家岭文化晚期，所以尚无法判断人口增长与城池兴建的关联。

城河遗址的聚落特征为我们提供了较为合适的案例。以往的解剖性发掘表明，作为城河城重要组成要素的城垣，其修筑的相对年代不晚于屈家岭文化晚期，而城外王家塝墓地的年代在屈家岭文化早中期。墓葬中出土的部分镂空双腹豆、弧腹豆、蛋壳彩陶杯、盂形器、碗等陶器在城内居住区也能找到。然而，墓葬中出土数量较多的长柄器、斜腹豆、壶形鼎、细颈壶等陶器却不见于城内居住区，这点值得重视。而且在城内已发掘区域能够看到的大量甑、鼎、钵、盆、罐等陶器，也不见或少见于墓葬。根据器物演变特征以及碳十四测年结果的比对，王家塝墓地的最早使用时间与城内居住区发现的最早阶段同时甚至略早[18]。

如前所述，城河社众很可能系迁移人口，墓地与居住区之间的年代关系，意味着人口先汇集到城河，再启动宏大的筑城工程。如果认可屈家岭文化的城为水利工程的判断，城河则反映了人口增长与大型工程之间的一种关联。当然，这种关联并不排他，而且并不适用于屈家岭文化的所有城。

七星墩城展示出人口增长与城壕修建的另一番情景。聚落调查和发掘的结果显示，在屈家岭文化时期修建七星墩城后，人类活动遗存仅见于城内，保存数量较少，直到石家河文化时期才出现人口的繁荣。石家河文化在城址中的活动范围大、堆积厚、遗存数量多、种类丰富，而且调查发现大荆湖周边的 30 余处遗址多属于石家河文化时期，城的发展进入鼎盛阶段。因此，七星墩城反映了先筑城，再大规模汇聚人口的现象。

与城河、七星墩有所不同，考古工作显示，至迟在屈家岭文化晚期，门板湾聚落已经进入繁荣阶段，遗址面积达到空前的 110 平方米。但是因为洪灾泛滥，一些人口似乎主动撤离了自己原有的房屋，集全聚落的人力物力修建了门板湾城。可以看出，门板湾揭示的是人口数量达到一定规模之后，一次重大事件催生了筑城行动的现象。

　　除此之外，新近发现的襄阳凤凰咀遗址是屈家岭文化修建于较北区域的城址。从高程模型来看，该城址完全修建于岗地之上，水利功能并不突出；但其恰好位于襄宜古道的北端，扼守南阳盆地与江汉平原的连接处，属兵家必争之地，地理位置极为重要。所以，该城很可能是屈家岭文化在战略布局上的重要设置，是其北出江汉、挺进中原的关键支点[19]。这类城与人口增长之间的关联目前尚不明确。

第五章

日常：古城"居民"的生活

住

房屋建筑是聚落遗存中最为复杂的遗迹现象，同时也是观察先民生活场景最重要的资料。由于南方雨水较多，土质又多黏性，房屋一旦废弃便很容易毁坏，所以相对而言，能够保存下来的屈家岭文化房屋建筑数量并不多。据不完全统计，目前见诸报端的屈家岭文化房屋遗迹有 100 多座，分布于石家河、城河、屈家岭、门板湾、走马岭、阴湘城、城头山、鸡叫城等城壕聚落，以及青龙泉、黄楝树、宋家台、金鸡岭、八里岗等普通聚落。

其中，除了保存状况太差、看不出形状者外，大多数房屋基本都是一样的，一般为一个或几个开间的长方形单体建筑，但在石家河、城河、城头山、屈家岭等大型城壕聚落，则发现过特大型建筑或多间联体建筑。

单体建筑

从形制来看，单体建筑分为单间房屋和多间房屋。

单间房屋

单间房屋见于石家河、城头山、城河、黄楝树、屈家岭、走马岭、青龙泉等遗址。石家河城内最中心的谭家岭地点，出土的 F1 保存较完整，平面为长方形，长

4.76 米，宽 3.34 米，墙厚 0.4 米，东、北两面各有一门道，室内南侧地面上铺有芦席，中间偏南有一圆形火塘。室内留有 10 件陶器。火塘西侧有 2 件陶缸，可能用于盛水或储粮；罐、双腹豆、双腹碗、盖等构成了基本的"食具"。灶东侧有纺轮、盖和一段碎骨，灶上有高领罐、盆各 1 件。这些陶器大多被烧红，而且结合器物的摆放位置以及碳化的芦席来看，应该是突发火灾导致了房屋废弃[1]。位于鄂西北的青龙泉遗址，是屈家岭文化在该区域的中心聚落。出土的 F1 平面呈长方形，东西长 4.3 米，南北宽 2.76～3 米，面积约 13 平方米。室内紧靠北墙西部有一个灶台，三边围以矮墙。灶内残留陶罐碎片和 1 件石锛。居住面上遗有夹砂灰陶缸、细泥红陶豆、圈足小罐等残片和 1 件石斧。由于房屋规模不大，室内未发现支撑房顶的立柱，所以可能采用的是一面坡式的房顶结构[2]。

谭家岭与青龙泉发现的单体房屋的面积相差不多，两座房屋的地面上均发现了豆、罐、石斧等成套生活用具，生动再现了房屋主人的生活场景。值得注意的是，青龙泉 F1 的灶台以矮墙相围，而谭家岭 F1 则在中间设置圆形火塘。但这两类灶都在室内，而在更靠北的淅川黄楝树遗址，F27 的房外东北 0.2 米处则筑有露天灶[3]。其实，不同类型的灶的结构和空间位置，反映了鄂西北与江汉平原腹地的生活习性差异。另外，青龙泉灶内残留的陶罐碎片，不排除火种罐残留的可能性。

在石家河、城头山等聚落的中心，发现了一些建筑规模显赫的大型房屋，应是为特殊人群或特殊活动建筑的房屋。

对田野现场的细致观察是了解房屋建筑工艺的唯一途径。青龙泉 F1 的发掘揭示（图七五），该房屋先在墙基位置开挖长方形沟槽，内填红烧土块。墙壁以木柱为骨，立于沟槽之上；木柱之间用竹木编排，再以黏土羼和烧土碎块，由内外堆筑成墙。墙表面抹一层厚 0.5 厘米的细泥，并用火烧烤，形成木骨泥墙。至于频繁活动的室内地面，其工艺更为考究。先铺垫一层烧土块，与基槽内所填的烧土块连成一片；再在上面铺一层青沙土，用火烧烤，形成坚固而干燥的房基面；然后再在上面用细泥涂抹，再用火烧烤，形成质地坚硬、颜色呈橙红色或青灰色的活动面。至

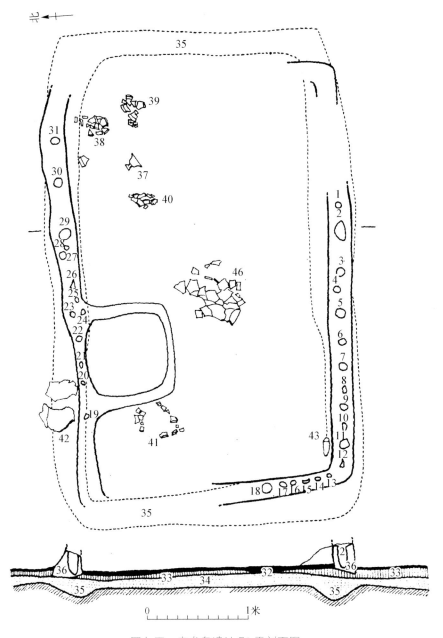

图七五　青龙泉遗址 F1 平剖面图

1—31.柱洞　32.居住面　33.黄砂土　34.烧土　35.沟槽（内填烧上）　36.墙　37—40.陶高圈足豆
41.陶圈足小罐　42、46.陶缸　43.石斧　44.陶罐（44、45 出于烧土堆积中，图中无号）

于淅川黄楝树聚落的单体建筑,有的用白灰面铺设地面,应是沿袭了当地仰韶文化的习俗,这一工艺在两湖平原并未见到。

多间房屋

长方形多间单体建筑有两个或两个以上的房间。在石家河、城头山、走马岭、门板湾、阴湘城、鸡叫城、青龙泉、黄楝树等遗址都有发现。

青龙泉 F6 是一座长方形双间房屋,房基保存较好。房屋南北长 13.85 米,东西宽约 5.4 米,面积达 75 平方米(图七六)。房屋中间有一道隔墙将其分为南、北两室,两室之间不通,东侧各开一门。墙壁较为整齐,用黄黏土、红黏土屑和红烧土块垒成。有意思的是,墙壁是在烧土地面上建设的,底无沟槽,亦无柱洞,不是木骨泥墙结构。墙的内外壁涂抹一层混杂有稻壳的细泥,并用火烧烤,呈红灰色或灰黄色。房屋内有 6 个圆形柱洞,呈南北线型分布于两室。这些柱洞应是支撑房顶的立柱所留,也反映出房屋顶部很可能是两面斜坡的形式。室内地基用红烧土铺垫,居住面上有一层沙土,经火烧烤。在墙壁两侧及南室西南角的居住面上有芦席痕迹,说明当时室内的装饰十分考究。两室中部有长方形的烧土台子,土台面上有柱洞,并放有器物。烧土台附近埋有陶罐等器物,但奇怪的是室内没有发现灶面或灰烬痕迹,或许炊煮另有地方或由他人安排,因而烧土台是为席地就餐的设施,也没有在室内设置灶塘。居住面上遗留有陶、石、骨器等生活生产用具,还遗留有一件精美的象牙梳,可能是插在发髻上的冠饰(图七七),

图七六　青龙泉遗址 F6 复原

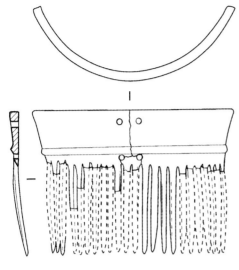

图七七　青龙泉遗址出土象牙梳

彰显出房屋主人的身份不凡。

黄楝树 F11 也是一座由两个房门和一个过道门组成的双间房，长 8.12 米、宽 4.18～4.25 米，分为东、西两室（图七八）。与青龙泉 F6 不同，该建筑先挖槽，后以木柱为骨架，用红烧土加草拌泥筑成墙体。之后铺垫室内地面，铺垫时先在下面铺一层黄土和细砂，然后在上面涂抹一层白灰面。西室东南角和东室东北角各有一个火膛，塘内堆满灰烬。室内发现 70 余件完整的器物，其中石斧、石镞、石镰、石球、骨镞、陶纺轮和部分陶器出自填土中。或许这些器物当时悬挂在墙体或木梁上，房屋倒塌时伴随屋顶或墙体土块填埋。紧贴居住面的器物有 30 多件，发现时应是当时的原始摆放状态。这些物品大致可分为五组。第一组位于西室西北角，有罐、壶形器、瓮、豆、器盖等。第二组位于西室火膛北面，有带盖鼎、碗、钵、彩陶壶、杯，钵内放有稻谷。这两组器物中，有壶、杯等饮具，也有碗、钵、豆等食具，还有鼎、罐等炊器，构成了生活用具的基本单元。与这两组器物不同，其他三组器物均见于东室，不仅有石镰、纺轮、石球、骨针等生产工具，而且有豆、碗、杯等简单的饮具和食具。从黄楝树 F11 居住面遗留的五组物品来看，居住者可能是四五口以上的普通社众。

在石家河遗址，肖家屋脊 F1 采用木骨泥墙和土筑墙相结合的工艺。该房屋南北长 8.65 米，宽 3.5 米，中间以隔墙分为前后两室，并留有通道。近 100 处柱洞密集分布在东、西、南三面墙基内，应是木骨泥墙所留。北墙较厚，未发现柱洞，可能为上筑墙。室内用红烧土铺垫，但因破坏严重，室内物品和设施已荡然无存。

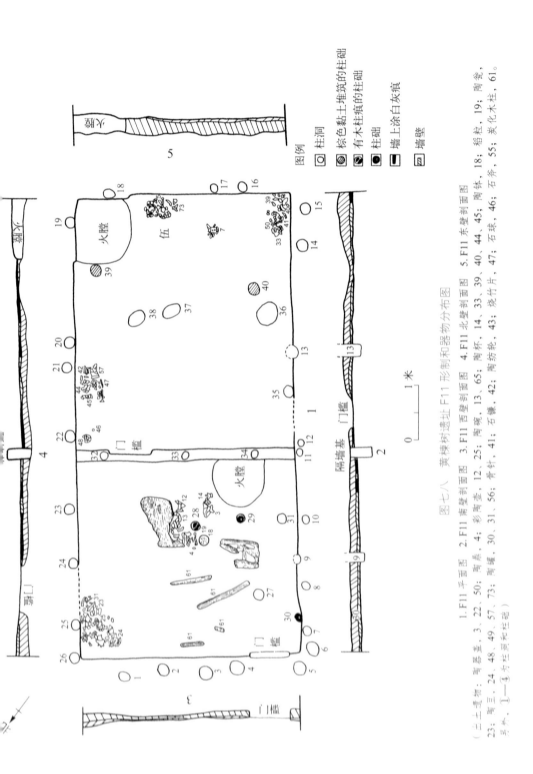

图七八 黄楝树遗址 F11 形制和器物分布图

1.F11 平面图 2.F11 南壁剖面图 3.F11 西壁剖面图 4.F11 北壁剖面图 5.F11 东壁剖面图

（三十三毫瓷：驾着釜、3、22、50；彩陶豆、4；彩陶壶、12、25；陶豌、13、65；陶杯、14、33、39、40、44、45；陶钵、18；稻粒、19；陶瓮、23；驾豆、24、48、49、57、73；陶罐、30、31、56；陶纺轮、42；骨针、41；石镰、43；烧竹片、47；石球、46；石斧、55；炭化木柱、61。其中，【1—3】为柱洞和柱础）

除了土筑墙、木骨泥墙等，鸡叫城还发现了多座大型木构单体建筑，F63 是其中的典型代表（图七九）。该房屋由主体建筑和外围廊道组成，主体建筑面积超过 330 平方米，加上南廊道，总面积不低于 500 平方米。目前已揭示的主体建筑开间为五间，中间室和紧邻的西侧室分前后两进。发掘显示，先是在主体建筑外墙与隔墙开挖基槽，在基槽内放置长木板作为垫板。所有长木板均放置在基槽偏外侧，部分木板间和木板一侧有用来固定的木楔。用于分间的隔墙基槽较外墙窄，深度也略浅，底部同样垫长木板。除长木板外，基槽内还有一些短垫板。最长的木板长度近 8 米，宽度多在 0.43 米左右，厚度多在 0.1 米左右，表现出极为高超的工程理念和木作工艺，技术之高超，令人折服。

基槽内放置木板的目的在于扩大接触面积，减少压强，以保证房屋结构的稳固。木板之上立直径约 0.5 米的半圆形大木柱，其间立长方形小木柱。为了保持房屋外立面平整，达到美观与实用并举的效果，房屋转角处以四分之一圆木作为转承。木柱与垫板间未见榫卯，但木柱上除位于西南转角位置的木柱为一穿孔以外，其余木柱两侧都有约 45° 的斜穿孔。考古工作者在长垫板上和基槽填土内，还发现 3 处绳索，据现场观察和实验推测，应是抬放木板时所留。经鉴定，F63 的木材主要有楠木、香樟等珍稀树种[4]。鸡叫城遗址发现的木结构建筑，是长江中游地区首次明确发现的木结构房屋，代表了新的建筑形式。其营造技艺、榫卯结构、空间布局等特征，与后世中国传统的土木建筑有着极为深厚的渊源，反映了长江中游史前文化对中华文明的贡献。

青龙泉、鸡叫城、肖家屋脊、黄楝树的多间房屋，其实代表了此类房屋的两种类型。青龙泉 F6 面积达 75 平方米，墙体宽厚规整，室内设置土台。屋主人能够使用象牙梳等高等级物品，显然不会是社群的普通成员，很可能是地位较高的人物。鸡叫城 F63 体量超大、工艺复杂，反映了当时居民对劳动力、技术、资源的控制达到了极高的层次。反观肖家屋脊 F1、黄楝树 F11，二者面积在 30 平方米左右，仅相当于青龙泉 F6 的一半、鸡叫城 F63 的十分之一，而且采用木骨泥墙，局部采用土筑墙，质量和工艺远不如青龙泉 F6、鸡叫城 F63，应是普通社众的居所。

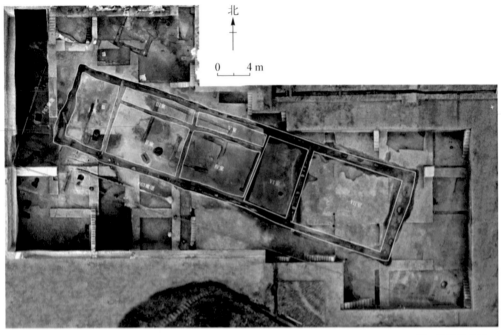

北

0   4 m

图十九　鸡叫城遗址出土的大型木构建筑

院落式建筑

单间（或多间）房屋的形制，以及保存在居住面之上的器物组合，反映了当时人们日常生活的基本图景。但是，独立的单体建筑并非聚落中的唯一居住形式。已有的考古研究显示，这些单体建筑在聚落中并非孤立存在，而是与附近的其他建筑构成了建筑群或院落，如肖家屋脊、黄楝树等。

肖家屋脊是石家河古城的核心聚落点之一，曾发现屈家岭文化时期的房屋、灰坑、墓葬等重要遗迹。由于保存不佳，只有少数几座房屋可以看清楚墙基的形制，整体的布局犹如管中窥豹。但是，根据残存的痕迹，房屋大多成组集中分布，而且可能围成院落。田野考古揭示的 F3、F2、F5 三座房屋（图八〇），从房基垫土的

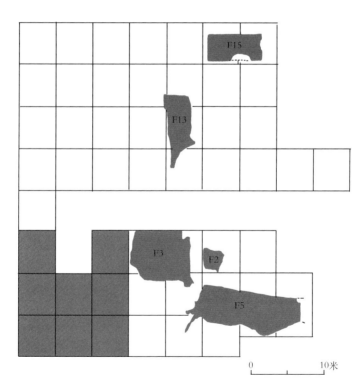

图八〇　肖家屋脊遗址出土的院落建筑

（张弛：《屈家岭—石家河文化的聚落与社会》，《考古学研究（十）》，科学出版社，2012 年）

走向看，F5 应是东西长建筑，而 F3 或 F2 则可能是南北长建筑，他们呈"L"曲尺形分布。紧邻这三组房屋的北侧有 F15、F13 两座房屋，其中 F13 为南北向，F15 为东西向，构成了与 F5、F3、F2 对称的反"L"曲尺形。这两组房屋，共同组成开口向东的"凹"字形院落，且可能分别是此院落的西南角和东北角。其中，F15 为单间房，F13 可能为三间以上的多间房屋。整个院落占地范围南北接近 40 米，东西接近 30 米，加上院落空地，总面积达 1 000 平方米。

淅川黄楝树遗址发现的院落式建筑，由 25 座方形或长方形的单间或双间建筑组合而成，亦呈"凹"字形（图八一）。前述 F11 就是组合中的一座建筑[5]。尽管发掘显示，由于多数房屋经过倒塌、废弃、扩建、重建等过程，以致留给我们的最后现场能够看到打破、叠压等复杂的地层关系，但几乎都是在原址上修建的，原有的房屋布局并未改变。这说明"凹"字形的建筑组合形态在当时得到了广泛认同，其中的主要因素可能与人群有关。有学者指出，此空间形式表明所有房屋是一个整体，这里的先民可能属于同一个亲族团体。在房屋毁坏和重建后，聚落空间也未发生变化，聚落布局得到了长期维护。而且，无论在肖家屋脊，还是在黄楝树，"凹"字形院落的庭院是建筑内的公共空间。借助庭院，不同房屋内的人们一起构成基本的社会单元，表明村落所代表的亲族团体具有一定的凝聚力[6]。

不过，黄楝树的发掘也显示，有些房屋除了设置面向庭院的房门之外，还有其他朝向的房门，说明这些房屋在遵守进出"庭院"公共空间的同时，还具有相对的"自由性"，能够独立实施非公共参与的行为。与之相关，大多数房屋内都设置有取暖或炊煮食物的火膛，而且一些房屋边有专属的"储藏坑"，暗示在亲族团体的凝聚力之下，单个家庭已拥有一定的独立性。

凝聚性与独立性在黄楝树院落的结合，被认为是"氏族组织性和集体观念的一种体现，家庭虽然越来越表现其独立性，但毕竟还是脆弱的，还不能离开氏族公社而存在"[7]。

值得注意的是，城河城的"凹"字形院落建筑是一次性建设而成的，与黄楝树、肖家屋脊的"组合式"院落有所不同。而且，前文已经论述，城河城的"凹"

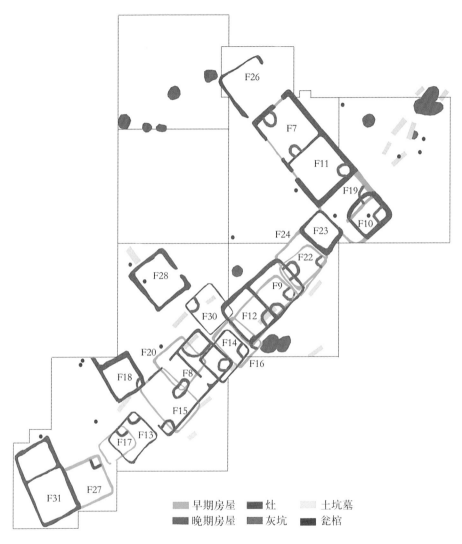

图八一　黄楝树遗址出土"院落式"建筑

图例：
早期房屋　　灶　　土坑墓
晚期房屋　　灰坑　　瓮棺

字形院落很可能为高等级人物所有，并非普通社众所居。

　　除了上述"凹"字形院落之外，屈家岭文化也拥有其他样式的院落式建筑或建筑群。在应城门板湾古城，发现了一座占地约 400 平方米的院落式建筑。该建筑位于一处南北向的岗地上。试掘表明，这处岗地上有许多房屋，F1 只是其中的一座。

图八二　门板湾遗址土坯房屋发掘现场

这座建筑至今仍可看到院落的北院墙和东院墙，院内有一座至少五间的连体房屋，但目前只保留了东部的四间。四间房屋中位于中间的两间面积较大，各有 17 平方米；两侧的房屋面积较小，西边略大于东边。房屋北墙外有内走廊，再往外还有散水。整座房屋建筑长 17.5 米，宽 7 米，总面积 115.5 平方米（图八二）。

门板湾 F1 为遇到突发事件后，先民有意整体埋压，因而保存极好。墙体最高处有 2.2 米，几乎达到了现代房屋的高度。观察可知，房屋墙体较厚，但不均匀，一般厚 40～50 厘米，最厚处达 60 厘米。墙内外均抹有黄白色涂料，室内涂层较厚，室外涂层较薄。整个房屋设有 7 个窗户，6 个开在南墙上，1 个开在北墙上。而且开在南墙的 6 个窗户中，居然有 5 个大小接近的落地式大窗，能够最大限度保证采光和空气对流。窗户装饰有窗楣、窗台、窗柜，甚至在窗柜凹槽内还发现了用作垫窗轴的凹石，体现了较为先进的建筑理念，丝毫不输现代家居元素[14]（图八三）。

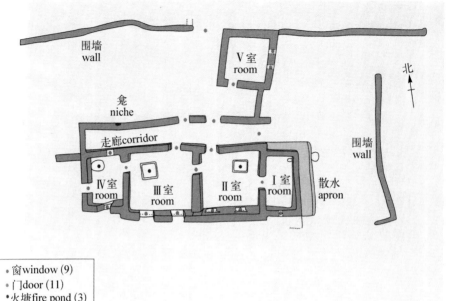

图八三　门板湾遗址大型建筑平面图

　　房屋内的居住面用红烧土铺垫，光滑平整，而且涂抹有黄色涂料，并经过多次垫平，局部可见芦席铺地的痕迹。装有落地窗的三间房屋都设有火膛，不同房屋之间留有通道，有的房屋之间还修有门槛。

　　为了防潮，该房屋建于土台之上。筑墙时，先在土台上开挖基槽，在槽内用土坯垒墙基，接着用土坯垒筑墙体。土坯的最大长宽分别为44厘米和25厘米，用它修砌的墙体比木骨泥墙保暖耐用，代表了当时最为先进的建筑工艺。如此建筑流程和技术方式，在20世纪八九十年代的农村随处可见，不得不让人惊叹。

　　位于湖南的宋家台遗址出土了300平方米的多间房屋。其居室为南北两列，每列各有四间房屋，每间房屋的面积达38平方米。门道均向南。两列房屋之间有东西向的过道，应是共用的。过道两侧挖有排水沟，排流房屋顶部的雨水。尽管两排房屋无法构成真正意义上的半封闭空间，但从房屋布局以及共用空间的角度看，其实在功能上已经构成了类似于院落的建筑群。此外，凤凰咀古城还发现有"土围式"院落建筑。

由上述可见，屈家岭文化的房屋建筑工艺有木骨泥墙、土筑、土坯、木构等。建筑形制以方形或长方形单间或多间排房为主，多组排房和围墙构成院落式建筑。结合聚落规模可知，城壕聚落出土大型建筑的概率明显要大于普通聚落或一般中心聚落。无论是在城河城、石家河城见到的近乎800或1000平方米的院落式建筑，还是如鸡叫城那般超大型的木构建筑，都显示出巨大的人力调动和资源控制能力；而在鄂西北的青龙泉遗址，即使聚落本身为鄂西北的中心聚落，F6的精致程度也表明为高等级人物所拥有，但房屋规模依然无法与城壕聚落修建的相关房屋相比。

此外，黄楝树、城头山、宋家台表现出的"氏族凝聚性"和"家庭独立性"结合的组合式建筑群，与城河、门板湾、青龙泉的独立性院落或单体建筑群所展示的社会结构，有着明显的差异。

吃

民以食为天。考古学擅长观察物质资料，在探索史前先民的食物资源种类和获取方式方面，有着得天独厚的优势。

粮食资源的获取

早在1956年屈家岭遗址的发掘中，就发现大面积建筑物烧土中有大量的稻谷壳和作物的茎的痕迹。通过鉴定稻谷壳形态，确定属栽培稻中的粳稻。后来在开展植物考古的石家河、阴湘城、城河、叶家庙、八里岗、沟湾、青龙泉、计家湾、大寺等屈家岭文化遗址中，几乎都发现了稻谷或碳化稻米等稻作遗存，说明屈家岭文化已经普遍种植水稻，或可通过其他途径获取水稻成品。

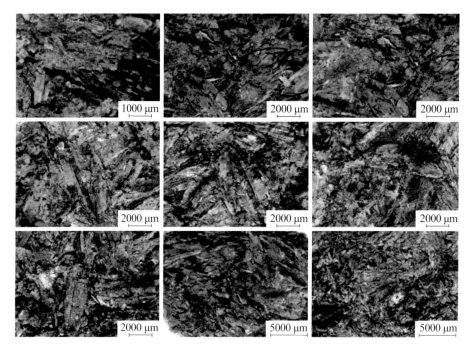

图八四　鸡叫城遗址出土谷糠层的显微结构

在屈家岭文化城址群中，水稻占比极高。走马岭碳化植物的鉴定结果表明，稻作农业在先民生活中一直占据绝对优势，水稻出土概率保持在55%～80%[9]。鸡叫城发现的一处谷糠层，已揭露面积80平方米（图八四）。通过显微镜观察，确定其为单纯的碎稻谷。考古队通过对单位体积谷糠密度统计，并结合现代水稻谷糠对比，推算谷糠层所代表的稻谷的重量多达2.2万公斤。而且目前揭示的发掘区仅仅是冰山一角，谷糠层的实际分布还要大很多，真实的体积和重量应该不止于此[10]。谷糠层位于大型建筑F63及其他多座房屋旁，这里很可能是稻谷的加工地。

类似的加工地在阴湘城也有发现。一些房屋周围的灰坑中，发现了大量碳化稻谷和稻米，仅收集到的标本就有数千粒之多，同时还有许多稻叶和稻茎。这些稻谷应该是在房屋附近的禾场脱粒时遗落并归集到附近土坑的。

水稻大规模存量的实现，不仅是广泛种植的结果，也得益于农植技术的进步。叶家庙遗址出土的碳化稻谷基盘和杂草种子的绝对数量和出土概率分析表明，在这一时期，江汉平原农田杂草管理已经达到较高水平。

在诸城广泛种植水稻的同时，粟等旱作遗存也出现于聚落的相关遗存之中。屈家岭、石家河、叶家庙、走马岭等城壕聚落都出土了明确的粟粒遗存，城河城在器物内壁还发现了粟的淀粉颗粒。如前所述，城址内外存在若干自然岗地，这些岗地（或坡地）排水条件较好，具备种植粟的地貌条件。即使在现代两湖地区也有种植旱作农作物的案例。而且，植物考古研究发现，一些聚落存在带颖壳的碳化粟粒，说明在当地种植粟的可能性很大[11]。稻、粟的混合作业方式，极大地提高了屈家岭文化城址群的抗风险能力。不过，需要说明的是，尽管北方粟作农业经汉水中游、随枣走廊向两湖平原传播，但是稻作种植在两湖平原占据绝对优势。

更进一步看，聚落微地貌和微环境对于屈家岭文化先民获取食物具有决定性的影响，不同区域的聚落获取资源的方式存在很大不同。两湖平原腹心地带的城壕聚落群体，继承大溪、油子岭文化先民的高超种植技术，利用两湖平原肥沃的土壤和水力资源种植水稻，使稻作种植成为农业生产的绝对主力，水稻也成为城址群居民赖以生存的核心食物资源。但是，在一些位于地形交错地带的聚落中，水稻与旱作遗存的比例不同。同在南阳盆地，稻作在八里岗聚落的生业经济中占据着主导地位；而在其西侧的丘陵谷地，受地貌制约，水田极为有限，山地地貌更适宜种植粟、黍，故普遍以旱作农业为主。如沟湾和下王岗遗址，虽然也存在水稻种植，但始终以粟、黍等旱作农业经济为主；鄂西北的青龙泉、大寺等屈家岭文化聚落，均是以旱作农业为主导，稻作农业作为补充[12]。

即使在上述以旱作农业为主导的聚落之中，微环境的差异也影响着粟、黍的种植比例。与大多数旱作农业聚落以粟为主不同，沟湾聚落保持着自身的独特性，黍占据着绝对的优势。究其原因，可能与聚落附近土壤的微碱性有关，因为黍耐盐碱耐贫瘠能力明显高于粟[13]。

事实上，水稻的产量要高于粟、黍等旱作植物，在地貌、气候条件允许的情况下，稻作无疑是先民们的最优选择。所以我们也能够看到，在南阳盆地以及鄂西北的山地聚落，尽管都以旱作农业为传统，但屈家岭文化时期植物遗存证据指示，在这些地区稻作农业占比迅速上升并达到了顶峰，表明考古学文化本身对于农业种植结构产生了一定冲击，也体现出屈家岭文化在当时有巨大的影响力。

有趣的是，屈家岭文化城址的居民喜食水稻。在稻谷充盈的情况下，即使能够获取粟等旱作产品，也未必食用这些"舶来农作物"。在叶家庙城，研究者发现，在出土粟粒的几个遗迹单位中，伴出的碳化稻米较少，而碳化稻谷基盘却较多。研究者认为粟粒可能只是作为动物饲料和糠壳混在一起，而非供人类食用[14]。

农业种植技术的大发展，使粮食产量大幅度提升，进而带动了粮食存储设施的推广。有学者注意到，在屈家岭文化排房或院落式建筑旁边，常常分布着一些圆形建筑或一圈筑洞。比照"仓形器"（图八五），其复原起来应该是圆柱形尖顶样式。这类建筑拥有圆形基槽、圆形木骨泥墙、攒尖式圆顶，不设门但留有通风口，而且一般室内面积不大，直径仅有 2～4 米[15]。通过比较可以确认，这两类建筑可能都是粮仓，专门用来存储和分配农业生产获取的粮食资源。

粮仓、糠壳等遗存共存于房屋附近，也说明稻谷加工、存储等行为应该是在居住地附近完成的。而且从黄棟树、青龙泉、八里岗遗址出土房屋与粮仓的空间关系来看，粮仓常常集中分布，可能是由社群集体使用和管理的。

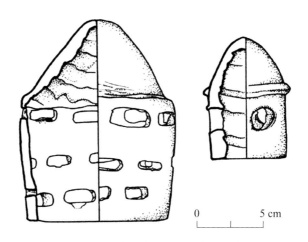

图八五　八里岗遗址出土的仰韶文化"仓形器"

水果类植物

在利用水稻、粟、黍等农作物资源之外，在屈家岭文化聚落，能够发现一些非农作物植物遗存，其中不乏"水果"。从石家河[16]、城河、屈家岭、沟湾[17]、青龙泉[18]、大寺[19]、穆林头等遗址出土的植物遗存鉴定结果来看，猕猴桃属、柿属、葡萄属、枣属等果类植物的发现概率非常高，这表明在屈家岭文化时期，除了农业种植，可能也利用了野生的果类资源。

植物考古已有的研究成果显示，除葡萄属外，人工栽培的猕猴桃和柿都起源于中国[20]。

在屈家岭文化遗址中，出土猕猴桃属植物最丰富的遗址是石家河，其次是沟湾、青龙泉和大寺。相关碳化实验的结果倾向于这些猕猴桃属植物为野生品种[21]，如果此说成立，意味着屈家岭文化时期也存在采集行为。但石家河位于大洪山南麓、江汉平原腹地，是典型的南方地区，现代并没有种植猕猴桃。这里出土史前猕猴桃属植物数量最多，确实令人惊讶。而秦巴山区拥有丰富的野生猕猴桃资源，同时也是现代猕猴桃的主产区之一，距其较近的青龙泉、大寺等遗址猕猴桃属植物的出土量却不及位于南方的石家河遗址。其原因可能与不同地域的埋藏和保存环境有关，但也不能排除贸易导致资源在大型都邑汇聚的因素。同样，屈家岭文化的柿属植物也无法确定是来自野生还是人工栽培，对其获取方式更是无法作进一步探讨。但无论如何，猕猴桃属、柿属、葡萄属等果类植物出现于屈家岭文化的多个聚落之中，说明果类植物是当时重要的补充资源。不过，石家河遗址的材料显示这一时期非农作植物遗存比例始终较低，说明人们对采集经济的依赖较少，农业种植作用突出。

此外，在对城河遗址出土器物残留物的观察分析中，发现一些陶匕的内壁附着薯属、藕属、姜属等植物的淀粉颗粒，说明这些植物也出现在了城河人的食谱之中。

肉食资源获取

　　充足的粮食供给推动了家畜动物的饲养，并使家畜动物成为肉食资源的主要来源。尽管因为埋藏环境，两湖平原的史前动物遗存普遍保存不佳，但从已有的研究成果以及保存相对较好的南阳盆地的情况来看，在大多数聚落内部，家畜动物占据着相当大的比例。枝江关庙山遗址明显以家猪为主，占哺乳动物遗存的78%。青龙泉遗址出土动物种类有猪、鹿、兔、雁、鱼等，明显以猪为主，占90%以上，而且绝大部分是家猪，说明当时的家猪饲养业十分兴盛。淅川下王岗屈家岭文化时期的动物遗存中，猪的比例高达80%。除了猪，狗在一些聚落的仪式性活动中也很常见。青龙泉、屈家岭等遗址均发现有狗的完整骨架。

　　在屈家岭文化的聚落中，并未见到羊和鸡的骨骸，但在屈家岭遗址中发现有陶羊和陶鸡模型。其中鸡的形象十分清晰，一眼就能判别是母鸡。羊的形象较为模糊，有可能是野生羊。

　　不过，并非所有聚落都以家养动物作为肉食资源的来源。考古实践表明，一些遗址发现有斑鹿、猪獾、狍、龟等野生动物的骨骸，同时发现有镞、石球等工具，意味着野生动物也是肉食资源的重要补充。而且，在靠近山地的一些遗址，家养经济比重很低，野生动物比例相对较高。如在大寺遗址，猪的整体比例较低，先民们虽饲养家猪，但狩猎更多的野猪。同时，野外捕获的鹿科动物占据了该遗址肉食资源的主体，其他野生陆生资源和水生资源也丰富多样[22]。

　　靠山吃山，靠水吃水。相比两湖平原的腹心地带和南阳盆地，峡江地区也有独特的肉食资源获取方式。现有的考古研究表明，这里不存在较大规模的农业种植经济，相反大溪、石家河文化时期丰富的动物遗存材料显示，渔猎经济在该地区先民的生业经济中表现得尤为重要。这里险峻的河谷地形，丰富的淡水鱼类资源，使渔猎经济成为人们维持生计的最优选择。此外，峡江地区考古遗址所见的鱼类品种虽然很多，但主要是青草、鲢、鳙等半洄游性鱼类，它们都有相对固定的产卵场，其中最大的一处就在三峡及其附近的水体。特定的地理环境与资源应当是这里捕鱼业发达的先决条件[23]。事实上，有关峡江地区屈家岭文化动物遗存的鉴定报告不多，能够提供数据观察的几乎没有[24]，但在中堡岛等多个聚落的地层和遗迹中，普遍发现有大量鱼骨，而且还发现有鱼叉、鱼钩、网坠等捕鱼工具，则能够验证渔猎经济在当地较为常见。

可见，屈家岭文化的肉食资源获取方式呈现出多样化的特征，其决定因素来自聚落微环境以及周边的资源分布。广阔的两湖平原和南阳盆地腹心地带，以家养动物为主体，而且家猪是最重要的肉食资源。在一些山地，则家养与狩猎并重，可能是因为当地获取野生动物资源付出的成本较低。而在峡江地区，鱼类则是肉食资源的核心。

用

石破天惊：玉石器的制作与生产

石头，或许是自然界最常见的材料。与史前时代的其他人群一样，屈家岭文化的先民们想尽办法，将最为常见的石头做成各种工具。迄今的考古发现表明，屈家岭文化的石制工具主要有斧、锛、铲、锄、镰、刀、凿、钻、网坠、盘状器、球、珠、砺石、笄、镞、钺、杵等（图八六）。

刀、镰、铲、锄与农业生产有关。民族学的资料表明，石刀在农作物收获时常常用于掐穗，镰用于收割，铲、锄用于翻土。因为没有发现与翻土有关的石犁（鸡叫城遗址发现有犁痕，只是未见犁的实物），铲和锄或许是翻土的主力，也应用于开垦荒地。从考古发现来看，镰、铲较多，二者在南阳盆地和两湖平原经常可以看到；而刀、锄也多见于南阳盆地的聚落之中。不同工具的区域分布，可能跟当地的农作物种植和生产有关。将粮食收割回聚落后，谷物脱壳及深加工是必要的流程，考古发现的杵有可能与之相关。

除了作为农业生产工具，斧、锛、凿、钻也可能与砍伐和木加工有关。值得

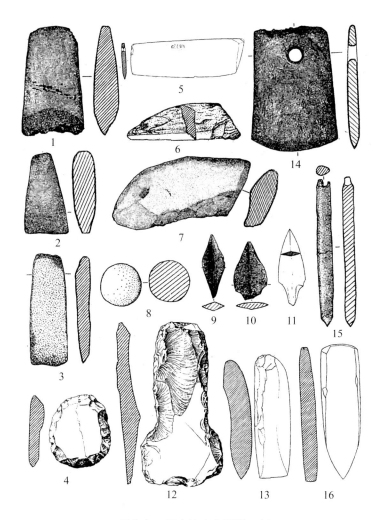

图八六　屈家岭文化石器示例

1、2.斧　3.锛　4.盘状器　5.刀　6、7.镰　8.球　9～11.镞　12.锄　13、16.凿　14.钺　15.钻
（改自张绪球：《屈家岭文化》，文物出版社，2004 年）

注意的是，在屈家岭文化的城址群中，斧、锛的出土概率极高，说明二者是常用的生产工具。此外，有一些器类形制较多样，具体功能仍在探讨中。如，凿按形态可分为两种：第一种为长条形，单面刃，这种凿可能主要用来加工木料。第二种为圭形，双面刃，也有报告称为雕刻器，有人认为它是切割石料的工具，切割时以刃部

带动解玉砂将石料磨断[25]。同样作为加工石料的工具的还有砺石，用于磨制石器，以提升光滑度。

如前所述，屈家岭文化先民获取肉食资源的途径多种多样，网坠、镞、球等则是不可或缺的渔猎工具。当然，用于投掷的球和拥有远距离射杀功能的镞，也在部落冲突中作为有效武器使用。

在屈家岭文化的诸多石器中，对功能讨论较多的是盘状器。这类器物用石片或砺石打制而成，多保留砾石面，主要发现于青龙泉遗址，其他屈家岭文化聚落几乎不见。根据现有的考古发现，盘状器不是屈家岭文化的传统器物，它在青龙泉聚落的出现，有可能与仰韶文化在当地的影响有关。关于它的功能，学界开展过多方面的研究，有学者认为它是制作石器的毛坯，也有学者认为它是一种狩猎投掷工具，有人甚至推测是砍伐器或敲砸器，但研究结论并未达成一致[26]。

钺是一种兵器，有时也作为礼仪性用具。严格来看，钺在屈家岭文化的聚落中出土不多，数量和发现概率均不及大溪、油子岭文化时期。屈家岭文化时期，钺的材质却有玉、石两类，而且与前期相比，此时形制更加趋同。从目前的资料来看，除了峡江地区，长江中游各区都出土有玉石钺，并且类型分布较为均匀，多以梯形钺（或称风字形钺）为主体，仅在澧阳平原发现了少量的长方形钺。

与普通石器的大量发现不同，屈家岭文化发现的玉器相对较少，这一现象相当有趣。除了玉钺外，发现的玉器还有管、珠、璧、璜、小锛、小斧等，种类和数量都不及大溪文化时期，更无法与同时期的良渚文化相比。位于江汉平原腹地的屈家岭遗址出土小锛、管珠、璜、镯等残件；城河遗址出土了钺、小斧、璜等；走马岭遗址出土了玉钺。与江汉平原相比，鄂西北的青龙泉、穆林头、黄山等遗址，出土玉器的种类和数量明显更为丰富。如青龙泉遗址出土了玉璜残件、三节琮形器残件（或为石质）、环、圆箍形器、扁平珠等玉器，尤其是琮的出现可能暗示了屈家岭文化与良渚文化之间的远程交流（图八七）；身处山地的穆林头遗址也出土了钺、管、珠、牙璧等器物（图八八）；位于三峡的中堡岛遗址则出土了璜、镯；宜昌白狮湾出土了璜。此外，在沅水流域的高坎垄墓葬中出土了钺、镯、璜、环形璧等器类。

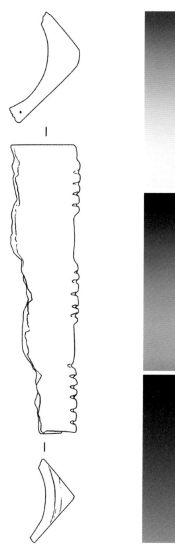

图八七　青龙泉遗
址出土琮形器

图八八　穆林头遗址出土玉器

（上中图为钺，下图为牙璧）

　　屈家岭文化发现的管、珠、璜等器类在大溪、油子岭文化就有发现，应该
是延续了之前的传统，很可能是早年同类产品的留传，但整体数量已大不如早
前。璧、琮等器物可能是来自长江下游的输入品。值得注意的是，穆林头遗址出

土的牙璧在长江中游属于"新"器类，尤为引人关注。类似的器物在石家河遗址也能够看到，但仅是采集所得，并非考古发掘出土。该类器物也称为玉璇玑，《尚书·舜典》记载："在璇玑玉衡，以齐七政。"玉璇玑以前被认为是观测天文的仪器，后来考古学家夏鼐考证是一种用于装饰的特殊玉璧[27]。穆林头遗址出土的牙璧器薄玉透，极为精美。从制作工艺的角度来看，这种薄片制玉工艺似乎不是长江中游的传统。同时根据陶器形制判断，穆林头遗址出土的陶器明显受到大汶口文化（该文化已发现多件牙璧[28]）的影响，所以穆林头遗址出土的牙璧有可能与大汶口文化有关。

整体来看，尽管屈家岭文化出土的玉器不多，但石器的种类已十分丰富，涉及农业种植、木作加工、渔猎资源获取、武器等多个方面。不过，从生产力的角度观察，屈家岭文化没有发现类似于良渚文化那样的大型破土器，说明屈家岭文化在石器功能的拓展方面不及良渚文化。

那么，在石器的制作技术上较之前阶段有没有什么变化呢？众所周知，一件磨制石器要经过开料、打制、琢平、磨光等一系列工序，有的还要钻孔甚至抛光。屈家岭文化时期，经过数千年的发展，石器加工技术已经十分成熟，技术方面不存在新的突破或提升。

由于屈家岭文化分布辽阔，自然条件差别很大。从目前的资料来看，山地和丘陵地带发现的石器数量要远多于平原地区。例如，峡江地区的中堡岛遗址在仅255 平方米的范围内就出土石器 800 余件[29]；距离鄂西北山区较近的青龙泉遗址也发现有大量的石器成品以及毛坯[30]；荆山余脉脚下的屈家岭遗址也频繁出土石器和坯体[31]。相比之下，平原地区的石家河、城河、城头山等城址出土的石器就要少得多，表现出石器的匮乏状况。如在石家河遗址肖家屋脊地点，数千平方米的屈家岭文化地层，出土的石器只有 12 件。

造成这一现象的原因可能有两方面：一方面，种植方式的差异导致不同聚落的石器需求量有所不同。位于山区丘陵的聚落以旱作农业为主，需要大量的石器来垦荒种田；而平原地带广泛种植水稻，用木、角、骨器即可翻土整田。另一方面，也最为重要，应与石料资源的分布有关。中堡岛、屈家岭、青龙泉等聚落靠近山脉，容易获取制作石器所需的石料，更容易形成石器制作的产业链和加工场，甚至不能排除通过规模化生产和贸易行为，向平原地区的诸多城址和普通聚落提供石器产品的可能。例如，青龙泉遗址发现了大量石铲毛坯，反映出规模化生产的存在，说明此地是一个出产石器的聚落。其实，早在大溪文化时期，两湖地区就已经出现了专业化的石器加工场，如宜都红花套遗址[32]。屈家岭文化很可能继承了这一模式。相反，平原地区的城址和普通聚落附近没有可供开采的石料资源，石器来之不易，自然倍加珍惜，当地甚至发现了改制石器的现象，所以考古发现的石器遗存不多[33]。

制陶业的发展

（一）制陶技术

屈家岭文化的陶器形制多样，种类丰富（图八九～九二）。陶器以泥质陶为主，但对于有些炊器，为了防止在烧制和使用过程中出现爆裂，在泥料中会掺杂石灰石、石英砂、蚌壳末等物质，这些物质被称为羼和料。陶器的羼和料常常单独出现，但也会有组合（如石英石和石英砂）。此外，有极少量的陶器用肉眼看不到明显的羼和料，但陶器上有大量颗粒状孔隙，有的陶器坯体内既有羼和料又有孔隙，这有可能是使用了以碳酸钙为主要成分的物质，碳酸钙在埋藏环境中溶解于水后留下了孔隙痕迹。另外值得注意的是，屈家岭文化中还有很少量的夹炭陶。夹炭陶在大溪文化时期风靡一时，但屈家岭文化夹炭陶数量不多且多见釜之类的器物，此时应该处于被淘汰阶段。

图八九　城河遗址 M4 出土的镂空陶豆

图九〇　城河遗址 M224 出土的成组带盖豆

图九一　城河遗址 M64 出土的带盖陶杯

图九二　城河遗址 M224 出土部分陶器组合

从陶色来看，此前的油子岭文化阶段，黑陶大量出现；但是至屈家岭文化时期，以灰陶为主，黑陶次之，黄陶与红陶再次之。关于陶色，学界一般认为与陶器在窑炉烧制时的环境和烧制技术有关。如果烧制时，窑炉封闭不足，大量氧气进入窑炉，陶器出窑时就会呈现为红色；而灰陶则是在窑炉封闭环境下形成的。黑陶的烧制更为复杂：在陶器烧制后期，将窑炉封闭，采用渗碳技术，使大量的草木灰与红热的陶坯结合，最后形成黑陶[34]。黄陶则可能跟陶土的成分有关。

将泥料变为有形状的陶坯，是陶工制作陶器的核心步骤。屈家岭文化之前的几百年间，油子岭文化先民经过不断摸索，已成功掌握利用轮车快速转动产生的离心力拉坯成型的技术，率先将陶器生产带入了"机械时代"，实现了产业革命。屈家岭文化的陶工们继承了油子岭文化的快轮拉坯技术。由于快轮技术有固定的动作和力度，所以在陶坯上会留下螺旋式拉坯指痕、麻花状扭转皱纹和快速旋转切割泥料形成的偏心涡纹。根据上述痕迹，可以判断哪些器类采用快轮拉坯技术制作而成。研究显示，由于当时的轮车属于人力惯性转动，转速持续时间有限，因此只能利用快轮制作形体相对较小的器物，如豆或盉形器的圈足、杯、细颈壶、器盖等器物，在它们的内壁能够看到快轮制陶特有的螺旋式拉坯指痕。

从实验考古和民族学调查的资料来看，在快轮拉坯制作陶器之时，常常需要两手配合提拉泥料，一手在陶初坯腹内，一手在外。习惯用右手的人就会右手在外，左手在内；而左撇子则是右手在内，左手在外。两只手的位置不同，导致陶器内壁的螺旋式拉坯指痕的旋转方向不同。反过来，根据拉坯指印的旋转方向，就可以判断陶工的用手习惯。有意思的是，屈家岭文化的陶工大多习惯用左手，但也有少量的器物明显是习惯用右手的陶工制作的[35]。

除了上述的泥料一次性拉坯成型的方法之外，在屈家岭文化还发现了泥条拉坯成型技术的案例。所谓"泥条拉坯成型技术"，指的是在泥饼上盘筑泥条，利用轮盘高速转动产生的离心力，提拉泥条成筒形坯，在此基础上加工成所需的形态[36]。从痕迹上看，此技术具有泥条筑成和快轮拉坯的双重因素，但又不同于典型的轮制法和泥条筑成法，常常在腹底结合部见到泥条缝隙，同时也看到螺旋式拉坯指痕。

事实上，泥条拉坯成型技术很可能是屈家岭文化的主流快轮方法。如前所述，模拟实验和民族学资料表明，偏心涡纹与"螺旋式拉坯指痕"或"麻花状扭转皱纹"结合，是判断快轮制陶技术的最直观证据[37]。如果进一步分解可知，"螺旋式拉坯指痕迹"或"麻花状扭转皱纹"可说明为快速拉坯成型，"偏心涡纹"则证明是借用整块泥料拉坯成型。其中，"偏心涡纹"是区别"一次性拉坯成型技术"和泥条拉坯成型技术的直接依据之一。但是，检索相关研究成果可知，能够列举的二者同时出现在一件器物之上的案例，大多是小型器物。一些稍大型器物只看到"螺旋式拉坯指痕"或"麻花状扭转皱纹"，如果不结合腹底的观察，其实很难确定是一次性拉坯成型，还是泥条拉坯成型制作的产品。值得庆幸的是，屈家岭文化的一些杯、豆圈足、器盖上，有泥条缝隙，同时也可看到拉坯指痕，说明泥条拉坯技术在这里的存在。

从技术发展的角度分析，泥条拉坯成型技术应是在轮盘结构未发生显著改进的情况下，泥条筑成法向"一次性拉坯成型技术"演进的过渡阶段，代表了技术发展的必然过程。从大的技术范畴考虑，尽管关于泥料在轮盘上的摆放和初加工环节，"一次性拉坯成型技术"与"泥条拉坯成型技术"有所不同，但二者都是借助轮盘的快速旋转所产生的离心力进行拉坯制作陶器，应都属于广义的快轮制陶技术。

除了快轮制陶之外，个头较大的器物则采用泥条筑成技术制作而成，即用泥条盘筑或圈筑成初坯体，再修整为所需要的器形。在盆、钵、甑、罐、鼎、钵等一些器物的内壁，则能够看到泥条之间结合的缝隙，说明这些器物是采用泥条筑成法制作的。此外，由于夹砂缸或夹砂锅的陶胎要求较厚，则采用泥条筑成和泥片贴筑两种工艺结合制作而成。一般先用较粗的泥条做成内壁，再用粗绳纹棍滚压，使泥条结合更加紧密；然后再将泥片敷贴在外壁，继续用绕粗绳纹棍滚压，使二者紧密贴合。以上述成型技术为主体，屈家岭文化陶器的錾、花边形钮等则使用捏塑的方法成型。

陶器初坯完成后，借助木拍拍打坯体，使器壁变薄，泥料结合更加紧密，并用竹片或木片刮削器壁，以实现去薄或修平的目的。屈家岭文化制作薄胎陶器的技艺十分高超。一些敞口杯的壁厚不到 0.5 毫米，犹如鸡蛋壳般，被称为蛋壳杯。这类器物应采用快轮拉坯制作，同时采用刮削工艺将内外壁整体刮薄，实现薄壁的精度要求。如此精细均匀的器壁处理技术，让人不禁怀疑是不是使用了类似于原始车床的复杂工具。

此外，由于大多数陶器为手工制作，就要对器物口沿进行慢轮修整，以保证口沿部成为规整的圆形。这些工序完成后，陶工们还经常徒手或用布等柔软的工具蘸水修抹坯体，使表面光滑平整。

从技术的发展来看，屈家岭文化陶器的成型技术与油子岭文化相差不多，其实并没有太多明显的升级。快轮拉坯技术、蛋壳陶技术在油子岭文化时期都有发现。

但是，对于陶器的装饰以及对器表美感的重视，屈家岭文化要优于油子岭文化，而后者在晚期时常常以素面示人。为了不让夹砂陶的羼和料斑斑点点地暴露于器表之上，屈家岭文化的陶工们用湿手沾满泥浆，均匀涂抹在陶器的表面，制造出泥质陶的光滑效果，犹如给陶器穿上了一层外衣，被称为"陶衣"。他们还用小石头、木棒、兽皮等工具，在泥质陶的表面不断磨蹭，实现带有光泽的效果，被考古学家称为"磨光"。

为了追求艺术美感，陶工们别出心裁，设计出不同的工具，制作各类纹饰，如刻划出方格、弦纹等，装饰附加堆纹、戳印纹等。最让人称奇的是，他们在器壁设计出以三角形、圆形、长条形、水滴形等纹样为基本元素的镂空图案，再将这些图案组合成精美复杂的不同纹饰——有的如光芒四射的太阳，有的如盛开的花卉，有的则像漪涟。

与此类似，一些墓葬出土的陶器还会用朱砂在器表绘制简单的图案，应是继承了油子岭文化"朱绘陶"的传统，但此时的纹样相对比较简单。同时，屈家岭文化的彩陶发现不少（图九三），这些彩陶的色彩浓淡犹如云霞，有学者称之为晕染施彩。尤其在制作精良的蛋壳陶杯上，常常装饰有心形图案的彩陶纹样，甚至有些图案像极了大口缸的外观。杯子是用来喝酒的，杯上有类似大口缸的图案，其寓意值得琢磨。与陶杯配套的壶形器外表，也常常装饰复杂的彩陶纹饰。在一些器物外表，方格纹也较为常见。此外，有的陶罐肩部绘制有螺旋的圈状图案，与西北地区马家窑文化彩陶的风格几分相似，有着满满的"外来风"。

屈家岭文化的彩陶有红彩和黑彩之分。以往学者对新石器时代黑彩的研究发现，绝大部分黑彩都是由含铁、锰的矿物原料绘制并烧成的。其中，锰矿物的加入对黑色形成起着至关重要的作用。然而，最近关于屈家岭遗址蛋壳黑彩陶的分析显示，黑色表面层中基本不含锰，为铁离子单独呈色。而且最让人惊奇的是，这些黑彩的表面已经完全呈玻璃态，其呈色原理与后世黑釉瓷器的黑釉几乎完全一致[20]。尤其与公元前 6 世纪地中海希腊的黑绘陶非常类似，却比后者早了近3 000 年。

图九三　屈家岭文化彩陶纹样

（改自王红星：《屈家岭——长江中游的史前文化》，文物出版社，2007 年）

（二）窑业与陶器生产

陶器的坯体制作完成后会阴干一段时间，达到一定硬度之后，再被送入陶窑烧制成坚硬的陶器。考古研究显示，自屈家岭文化开始，同穴窑急剧减少，近乎消失，横穴窑在长江中游地区普遍推广。这一时期，长江中游地区的窑业技术在猛然追平黄河流域的同时，也出现了一些新的技术尝试。譬如，随州金鸡岭出土了数座长条形横穴窑，这些窑可分成多个连续的窑室，窑室之间以火道连通，并保留有 15°～20° 的坡度，类似于晚期的龙窑。有学者认为它们的特征已经具有了龙窑的初始形态[39]。目前所见的最早分室龙窑出现于商代，均发现于长江中下游地区，学界也认为在商代龙窑技术产生之前必然经历了长期的经验积累过程。如果学者们对于金鸡岭遗址出土的长条形窑的判断和认知成立，那么长江中游地区的史前文化无疑为龙窑的起源贡献了必要的技术元素。

此外，从目前的考古发现来看，一般竖穴窑和簸箕状火膛横穴窑常常有明显的"坑"状操作间，而圆坑状火膛几乎未见操作"坑"的报道。这可能与窑炉工作期间的填薪方式有关。簸箕状火膛为横向填充燃料，工匠与火膛、火门需在一条线上，所以操作坑必不可少；而圆坑状火膛为垂直填充，工匠在火膛上方即可完成投料动作，所以操作间很可能为"面"而非"坑"。从时间序列来看，大溪文化多见操作"坑"，而屈家岭文化时期多见操作"面"，这是二者在填薪方式上的区别。

火道是窑业技术在长期实践中的必然产物，它的产生和改良代表了陶工对于窑火运用达到了新的水平，是检验烧陶控温技术的重要指标。在屈家岭文化时期，除了窑炉形态的改进，火道的种类也变得更为丰富，环形、山字形和 Φ 形火道都有发现。而后两者所包含的导火槽条数要较前者多且在窑室内分布相对均匀，这意味着屈家岭文化的陶工可能尝试提高窑室的大面积均衡受热程度。不过，值得注意的是，屈家岭文化的窑室容积要小于大溪文化时期，而容积大小决定了一座陶窑的生产能力，这说明屈家岭文化陶器生产的单次产量有可能不及大溪文化时期[40]。也可能正是因为窑室体量的缩小，屈家岭文化的陶工能够自如做到窑室控温，实现灰、黑、红陶的全能生产。有意思的是，之前提到的筒形器，有的个头在 1.5 米以上，而屈家岭文化的陶窑窑室的平均尺寸在 1.1 米，所以推测筒形器可能有专门的烧制设施。

此外，蛋壳彩陶杯的烧制体现了屈家岭工匠的"尖端技术"。观察发现，一些蛋壳彩陶杯露胎部分全部呈现橙红色，黑色表面层已经烧至玻璃化的黑釉状态。在陶器烧制过程中，红色是氧化氛围形成的，黑色是还原氛围影响的。两种颜色共存于蛋壳彩陶杯，说明它们可能经历过复杂的烧制氛围调整，至少有过两次烧成。进一步检测和模拟实验可知，实际上存在"氧化—还原—氧化"三个阶段。首先，当时的陶工将施加好黑彩颜料的坯体，在接触氧气的环境下烧至一定温度；再通过往窑内或燃烧的燃料泼水，又或是添加比较湿的柴等方式，使燃料不完全燃烧，从而制造还原气氛，使黑彩中的铁离子由三价还原至二价，形成黑釉；在烧制的最后阶段，缓慢降温并重新进入氧气，形成氧化气氛，暴露的胎体变回红色，而已经玻璃化的黑彩层无法再氧化，从而保留黑色，玻璃化釉层覆盖下的胎体部分未接触氧气，仍然呈灰色[41]。

除了窑业技术较大溪文化时期有重大变革之外，屈家岭文化尽管延续了前期陶窑相聚一处的格局和传统，但专业分工和生产体系建设明显进入了新阶段，并且没有再看到烧制建筑材料的现象，而是全部烧制陶器。金鸡岭遗址的陶器制造场发现数座集中分布的陶窑，还发现了和泥制坯的土坑、泥料、活动面以及盛水设施（图九四）。同时，此窑场所见陶窑可能具有明确的功能区分，有的陶窑用于烧制鼎、罐、盆、豆、钵、碗等器物，并且在陶窑附近安置水缸，承担还原氛围的功能，即烧成后在顶部注水慢慢冷却，水渗入窑内把陶器还原成灰、黑色；有些陶窑专门烧制杯、碗、钵、纺轮等小型器物，并且窑室的结构决定了只能实施氧化氛围。同时，金鸡岭制陶场的泥料坑呈线状分布，整齐有序，明显经过严格规划。窑场内各种附属设施齐全，有着固定的生产程序，烧成功能既有区分又有互补，构成了独立的陶器生产场所，说明已经具有核心式制陶作坊的规模，职业性的专门陶工可能已经出现。而且在大型都邑的石家河古城，不仅集中制作陶器，甚至出现了专门生产陶杯的规模化生产中心，足见聚落管理水平和专业化程度之高。

整体来看，屈家岭文化的制陶原料较之前的大溪、油子岭文化更为丰富，但成型技术几乎延续了油子岭文化的体系，似乎并无太大的变化。不过，与油子岭文

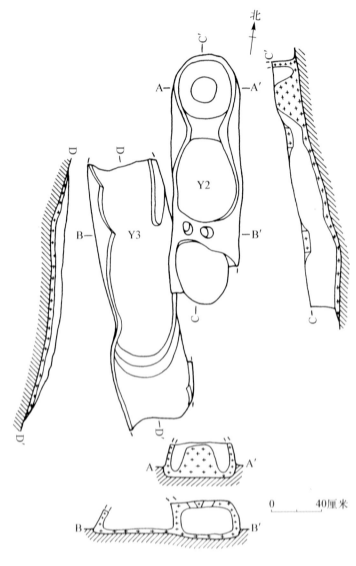

图九四 金鸡岭遗址出土陶窑

化相比，屈家岭文化的陶工们将更多的心思花费在了陶器装饰和窑业技术的提升方面。最为重要的是，屈家岭文化陶窑布局所展示的专业分工和复杂生产体系，是长江中游地区之前的考古学文化所无法比拟的。这或许也是屈家岭文化陶器能够快速被大家接受的强大"软实力"。

漆木器的使用

屈家岭文化的木器在城头山遗址有大量发现，有建筑构件、木凳、普通木橛等。

屈家岭文化的漆器先后发现于阴湘城、城河、七星墩等遗址（均为当时的城址）。阴湘城出土了漆木柲（图九五），长 59.5 厘米，宽 6.5 厘米，厚 0.8 厘米。木柲的上半段略宽，并在一侧内挖成榫母，便于嵌入玉石钺的背部，使钺体与木柲体结合牢固。柲之上端和下端分别制作榫头，应该是用于装饰镦、瑁的。整器最窄的位置即握柲处。柄处下方中心有穿孔，应是便于系带装饰。整个木柲以褐色漆为地，在嵌钺体处与握柄处还漆出花纹，主要为菱形等几何形条带，略微凸出，花纹为黑漆，在柄处的前后部位施红漆[42]。

城河遗址出土的漆器主要见于墓葬。其中，M112 出土的漆器为一件近半米的大盘，但变形严重，保存亦不佳，仅能看到红色漆痕。七星墩遗址出土了一件保存较好的漆木碗（图九六），整器制作精良，胎薄至 2～3 毫米，木料为锥木属，饰红、黑两层漆，显示出较为先进的制胎、髹漆工艺[43]。

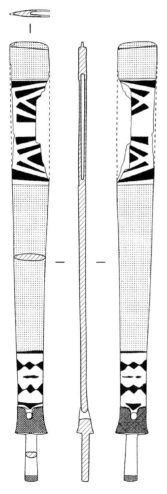

图九五　阴湘城出土的漆柲

图九六　七星墩遗址出土的漆器

原始采矿业的发生

屈家岭文化所在的长江中游地区的东部是著名的铜矿分布带。20世纪七八十年代以来，考古工作者在长江中游发现了多处商代至西汉时期的铜矿遗址。这些遗存与大量精美的青铜器相互辉映，展示了中国冶铜工业的早期高度。其实，早在油子岭、屈家岭文化时期，一些聚落已经出现了零星的铜矿石，如龙嘴、屈家岭、十三亩地等汉东聚落（图九七）。这些矿石在考古报告中常常被称作孔雀石。仪器分析表明，这些矿石多为含磷的假孔雀石和磷铜伴生矿，少量为孔雀石。它们可能集中采集于某一处含磷铜矿。古人根据经验，寻找绿色矿石，因假孔雀石与孔雀石外观相似，以致他们在采集时也无法分辨。此外，研究显示有半数的标本表面有黑色氧化铜。而氧化铜是经过焙烧，高温下分解形成的，因此这些矿石可能经过焙烧。但由于缺乏确凿的冶炼遗迹、工具等证据，这些焙烧产物是否与冶炼活动直接相关仍不好明判[44]。尽管如此，现有的考古发现和科技检测表明，屈家岭文化已经开启了铜矿石的采集，并且使用高温焙烧部分矿石，只是我们不清楚这种焙烧行为是偶然动作还是有意识的技术尝试。如果是后者，则意味着屈家岭先民已经开始朝着冶铜

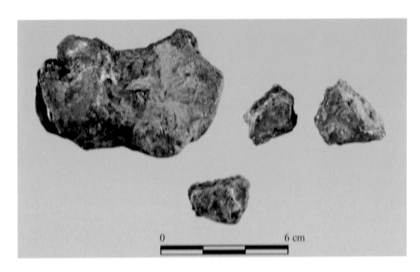

0   6 cm

图九七　屈家岭遗址出土的铜矿石

的方向"眺望"。

　　除了上述手工业之外，屈家岭文化有着高超的纺织业。大大小小的聚落中，都有数量众多的纺轮（图九八）。这些纺轮体积不大，常常装饰有精美的图案，旋转起来行云流水，动感十足。此外，屈家岭文化还发现有骨、角、蚌器，主要为镞、匕、凿、钩、叉、锥、针、刀、镰等工具，但数量不多，可能是因为长江中游为酸性土壤，加之埋藏环境的含水量较大，骨、角、蚌器保存不易。

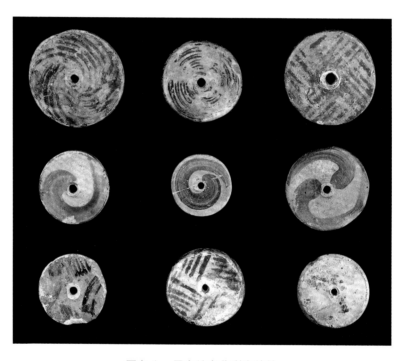

图九八　屈家岭文化彩陶纺轮

水

　　南方是多河多湖的，因此依水而行很可能是当时人们重要的交通方式。迄今为止没有发现屈家岭文化的舟船，但是城河遗址出土了各式各样的独木棺，有的十分

图九九　七星墩遗址出土木桨

接近船形，意味着造船的技术在当时是存在的。而且，在七星墩遗址的壕沟底部还出土过保存较好的木船桨，以及疑似的船上木构件[45]（图九九）；黄山遗址有固定的码头设施，也都说明了屈家岭文化舟船的普遍使用。

除了出行，水是人类生存、发展过程中不可或缺的自然资源。长江中游地区处于东部季风区，不同季节和不同年份的降水量有着很大的差别，水资源的分配极不均匀。梅雨季节，降水集中，易发洪涝灾害，气温也较低；梅雨之后，气温升高，又会出现伏旱、秋旱，出现缺水局面。而稻作农业作为长江中游史前先民的核心种植经济，需要合理的控水管水技术，以更好地开展生产[46]。经过数千年的发展，至屈家岭文化时期，长江中游的史前先民对于水资源的利用和管理已经能兴利除弊，这一点在城壕聚落有着明显的体现。

新近的一项研究显示，屈家岭文化的城壕设施不仅能够"防洪"，而且还能"抗旱"[47]。屈家岭先民借助挖壕修垣，改造地貌，实现对水资源的有效控制。有意思的是，屈家岭文化不同城壕聚落的治水模式"千城千面"，展示了因地制宜的理念。

位于岗地前端的石家河聚落，北高南低。南部地势较低的地域，雨季中很容易被洪水淹没，但是在干旱季节也很难调集东河或西河的水资源进行生产生活。为了有效利用水资源，石家河的人们在城外西北部挖修多条壕沟，并堆筑高大"土垒"，同时将西壕挖得无比宽大，并在城内外设置多座大面积水塘。如此，将北部高地的水源引入西壕，再向城内外的水塘分流，形成事实上的"水库"。雨季时，"土垒"和城垣能够阻挡洪水侵袭，壕沟和水塘则可存储水资源；干旱季节，壕沟和水塘的储水，能够及时灌溉城内外低洼地带种植的农作物。

汉西地区的城河城同样借用垣墙为坝体，将自然河流与聚落阻隔。即使河流水位上涨发生洪灾，也不会对聚落内部造成危害。他们还利用聚落内部的地势落差，在城内挖设内河，将高处的水源引至城内，以满足生产生活所需。值得注意的是，城河先民没有像石家河那样设置太多的分散水塘储水，而是利用城外东北部的河谷为主蓄水区，外壕和内河为次蓄水区。

石家河和城河代表了利用地势高差、分级管控、疏堵结合的治水方式，而屈家岭遗址则充分展示出因地制宜的另一类理念。该遗址本身位于地势较高的孤丘岗地之上，能够在雨季避免洪水的侵扰，所以不需要垣墙类设施参与防洪。遗址两侧有青木垱河和青木河自北向南而过，河流两侧地势平缓、土壤肥沃，便于拦截河道引入水源。遗址外围有环壕围绕并可能修建水坝，以满足导水、储水的功能需求。

除了"岗地模式"之外，屈家岭文化的治水经验可能还有"平地模式"，典型代表则是鸡叫城和城头山。澧阳平原的鸡叫城，其北侧是涔水及其支流。与石家河、城河等聚落靠近自然河流有所不同，鸡叫城距离涔水有3公里之远[48]。从地貌现状来看，城址所在位置并非绝对岗地，而是与周边区域的海拔大致接近，无法利用地势高差导水控水，同时也容易受到河流涨水的冲击，所以城垣可能兼有防洪的功能。涔水应该是鸡叫城聚落水源的主要供给地，卫星影像显示涔水与鸡叫城之间存在多条平行沟渠，考古揭示至少在石家河文化时期这些沟渠就已经存在。或许，屈家岭文化时期，鸡叫城人可能已经借助平行沟渠将水源引入壕沟和城内，以解决储水用水问题。

同样在澧阳平原，城头山古城也经过严密的设计以充分利用水资源。古城城垣的北、东、南三个方向各留出了一个数十米宽的豁口，而城址的地势是西高东低、中部隆起，三个城墙豁口都留在地势低洼处。雨季时，城内降水可以通过这些豁口迅速地排入城外护城河之中。同时，这些豁口也是进出城墙的门道，东部豁口正对与澹水支流相连通的护城河出水口，在豁口范围内发现多层密集红烧土与卵石堆积，致密坚硬，考古学家推测是古城的水岸码头[49]。除了考虑城内排水，城头山人还将城外西北部一段护城河挖掘较深，河床面整体下凹，实现储存雨水与地下渗水的目的。同时，在该段护城河内侧，另有两处从城墙外伸向护城河中的凸台，其为事先预留的生土，表面高程低于城墙却又远高于所对应护城河之河床，很可能是到护城河沟内取水的平台。此外，为避免护城河储水坑内雨季水量过多，水位上涨损毁聚落的情况发生，当时的人们还专门挖建了一条通水沟，对其储水量进行调节。

　　石家河、城河、屈家岭、鸡叫城、城头山分别代表了屈家岭文化不同的治水方式，可归纳为"岗地"和"平地"两种模式，而前者又可细分"分级储水""河流储水"两种方式。尽管不同城壕聚落的治水方式存在差异，但它们都是在因地制宜的基础上，寻找最适合本聚落的水资源利用和管理方式。

　　屈家岭文化所在的两湖平原，范围辽阔，地貌复杂，河湖众多，所以无法像良渚文化那样建设超大型的水利系统。为了满足不同区块的需求，屈家岭文化的防洪抗旱任务被分解到一个个的城壕聚落之中。先民们在聚落周边，根据地形地貌，建设适用于本聚落的水利设施。这些设施和理念最终汇聚在一起，构成了屈家岭文化在两湖平原的治水画卷。

第六章

逝者的空间：墓地与葬仪

墓 地 选 址

墓葬是人类个体的最终归宿。在事死如生的史前社会，墓葬的营建是死者身份和地位的体现，也是生者心愿和思想的表达。就葬仪程序而言，墓地选址是墓葬营建的首要过程。屈家岭文化主体分布于两湖平原，范围极广。从现有的考古发现来看，不同地域、不同聚落的屈家岭文化先民关于墓地选址的理念有所不同。

迄今的考古资料显示，屈家岭文化墓葬的形制有两类，一类是土坑墓，另一类是瓮棺葬。二者都属于土葬范畴。

（一）土坑墓

前文已经介绍，在汉东地区的石家河古城，近20处聚落点共同组成了石家河聚落群。在考古工作较多的邓家湾、肖家屋脊、朱家坟头等地点都发现有屈家岭文化时期的墓地。这些墓地与房址、窖穴等设施遗存，共同构成了一个聚落点社群的生死场所，而石家河古城的墓地散布于各个聚落点。肖家屋脊的考古工作清楚地表明，其墓葬选址以房屋位置为参考核心，似乎存在就近埋葬的原则，甚至在一定程度上可看作"居葬合一"的展示[1]。与石家河类似，屈家岭遗址拥有多个聚落点，已发现的为数不多的墓葬也零散分布于房屋或其他生活遗迹旁边[2]。同在汉东地区的六合[3]、金鸡岭遗址[4]，墓葬位于居住区附近。

南阳盆地的黄楝树[5]、黄山[6]等遗址与石家河的墓葬选址理念类似，墓葬大多位于家族居所的大型院落建筑附近，只有少量墓葬远离居住区。有意思的是，黄楝树的墓葬营建于东北高、西南低的斜坡上，但是头向却在低的一侧，有可能是为了头向指示房屋而故意为之。除此之外，在沟湾、下王岗聚落，土坑墓零星分布于房屋、灰坑等生活遗迹周边；在南阳盆地西部边缘的青龙泉、大寺等聚落，墓葬也"零星分布于文化层中"[7]；南阳盆地南缘的曹家楼[8]、老鸹仓[9]等聚落，墓葬也大多位于生活遗迹旁边。这些墓葬似乎没有形成集中的墓地，但整体分布于房屋或生活遗迹附近[10]，形成了事实上的墓地。

可见，汉东、南阳盆地及其周缘地带，墓地的选址大多位于房屋或其他生活遗迹附近。石家河古城作为当时的都邑性聚落，人口结构复杂，数量众多，由多个聚落点共同组成。能够看到不同聚落点都设置有社群自身的家族墓地，所谓分区埋葬，甚至在同一聚落点存在多片家族墓地，规划有序，实际上相当于"大分散、小聚集"。屈家岭、青龙泉、大寺、沟湾、金鸡岭、黄楝树等聚落的社群结构相对单一，墓葬分布看似较为零散，但整体也位于居住区附近。这与石家河单个聚落点的墓葬选址有着相似之处。

不过，位于孝感的叶家庙城却与汉东地区的其他聚落有所不同。该聚落的墓地位于城外西北部的冢山，有可能是城址及其附属聚落的公共墓地。尽管该地点也发现了一座房屋建筑，大致呈半圆形，但占地面积不足4平方米，显然非居住所用，发掘者推测应为墓地的祭祀场所[11]。同样，距离汉江和长江交汇处不远的武昌放鹰台[12]、黄陂张黄湾等遗址，推行集中埋葬的大型墓地，也可看作是公共墓地。此外，南阳黄山遗址新发现的墓葬集中分布，排列有序、方向一致，应该是大型公共墓地的埋葬形式。

叶家庙城和放鹰台的公共墓地理念在汉西地区和长江以南地区普遍存在。城头山发现屈家岭文化墓葬461座，多半是瓮棺葬，其中除27座分布在其他发掘区之外，其余434座都分布在城内的北部区域。显然，这个区域应该是古城的公共墓地所在。最新的发掘显示，走马岭城内广泛分布着屈家岭文化遗存，尤其以西北至北部最为丰厚，发现大量房址、灰坑、灰沟等居住遗迹现象，东部存在一定数量的墓葬[13]，推测这些地方有可能就是屈家岭文化时期走马岭社群的公共墓地之一。

类似的大型公共墓地在汉西地区的城河城有着清晰的展示。最新发掘的王家塝地点已发掘墓葬近 300 座，是城河先民的大型公共墓地所在。该地点位于城外的自然岗地上，是遗址所在范围的海拔最高点。活着的人们选择这处岗地埋葬他们的祖先，既不占用城内宝贵的土地资源、影响生者的日常生活，又能够让先祖们矗立在制高点，"俯瞰"全城，佑护子孙，体现了"生死有别"的理念。更为难得的是，这个地点恰恰是城外河水进入城内的必经区域，或多或少体现了水在人们心中的特殊地位。然而，与城头山和走马岭不同，城河城的公共墓地位于城外，而且全部都是土坑墓，瓮棺葬在城内的房屋建筑旁有零星分布，同时一些土坑墓随葬的大型陶罐也有可能是瓮棺。

除了城址之外，三元宫、宋家台、划城岗、车轱山、高坎垄等非城址聚落都拥有集中埋葬的公共墓地。其中的宋家台遗址位于一个东西长 150 米、南北宽 100 米的台地上，报道的面积不是很大。即使这样的普通聚落内部，都有着清晰的功能区规划。考古发现，遗址的西区与北区的地层堆积比较相似，文化堆积均属于居住遗迹，而东区则是聚落的公共墓地，且墓葬十分密集，仅 45 平方米的发掘面积就出土各类墓葬 40 余座[14]，足见墓葬之密集程度。

汉西地区及长江以南诸遗址的墓地选址相当于"大聚集"形式，有些墓地内部似乎存在"小分散"的单元状分布现象。这与汉东地区的石家河、屈家岭遗址形成了明显对比。

（二）瓮棺葬

根据目前的出土资料，屈家岭文化瓮棺葬的葬地，主要有三种情形，而且这三种情形在一些遗址是同时存在的。

第一种，瓮棺葬散布于居住区附近。这种情形最为普遍，黄楝树、下王岗、茅茨岗、下集、四顾台、观音坪、青龙泉、大寺、老鸹台、金鸡岭、雕龙碑、六合、曹家楼、邓家湾、肖家屋脊、划城岗等遗址均有发现，有的甚至紧邻房墙。不过需要注意的是，在几乎上述所有遗址中，分布于居住区附近的除了瓮棺葬，还有同时期的竖穴土坑墓，说明居住区附近是屈家岭先民实施丧葬活动的常用区域，并非只针对幼婴瓮棺葬。

第二种，瓮棺葬混杂于竖穴土坑墓中。这种情形见于杨家湾、宋家台、高坎垴、城头山以及黄楝树、青龙泉、雕龙碑、金鸡岭、邓家湾等遗址，而且瓮棺葬的方向与竖穴土坑墓大致相近，一些瓮棺甚至紧邻竖穴土坑墓，或许存在一定的亲缘关系。此外，目前所知，邓家湾与城头山的瓮棺葬大量分布于竖穴土坑墓地中，与其发生了较为复杂的叠压打破关系；而其他遗址的瓮棺葬都零星分布于竖穴土坑墓地中。这两种现象可能代表了竖穴土坑墓地中混杂瓮棺葬的两种分布形式。

第三种，单独的瓮棺墓地或墓区，见于关庙山、城头山和叶家庙遗址（图一〇〇）。其中，关庙山遗址在其东南和西南的边缘出土近百座瓮棺，未见竖穴土

图 一〇〇 城头山古城出土的瓮棺

坑墓的报道，应是独立的瓮棺葬墓地。而城头山和叶家庙遗址则可能代表了另一种模式：前者将墓地向东北延伸，集中埋葬瓮棺葬；后者的瓮棺葬除个别夹杂于竖穴土坑墓地外，绝大多数都集中分布且大致可分为两个独立的区域，而且边缘与竖穴土坑墓地局部接壤。据此推断，这两个案例当可视为公共墓地的瓮棺葬墓区。

可见，屈家岭文化时期，城址与城址之间，城址与普通聚落之间，墓地的选址理念存在重大区别。石家河古城以家族为单位，在各自的聚落点分区集中埋葬，可称为"大分散、小聚集"模式；城头山、城河、叶家庙等城址则流行大型公共墓地的埋葬形式，相当于"大聚集"形式，一些墓地内部则呈现"小分散"式的单元分布。其实，以家族为单位的小型分区埋葬和以聚落为核心的集中埋葬（后者有可能是多个家族共同使用的结果），反映了聚落内部的凝聚力和管控程度的差异，也暗示了血缘和地缘的受重视程度有所不同。值得注意的是，以家族为单位的小型分区埋葬在一些普通聚落表现为零散埋葬的分布形式，而且具有明显的地域特征，其原因应该与聚落社群单一，都是相同家族，无须划块以作区分有关。

其实，墓地选址的地域差异可追溯至更久远的前屈家岭时代。汉东地区的屈家岭、谭家岭等遗址在油子岭文化时期，就以家族为单位实行小型分区埋葬；汉西地区的龙王山、城头山、三元宫以及鄂东地区的放鹰台、香炉山等聚落则普遍流行大型公共墓地。至屈家岭文化时期，这些地域传统继续延续。

然而，南阳盆地和峡江地区却发生了跨时代的转变。众所周知，南阳盆地在仰韶文化时期普遍流行大型集体埋葬坑的形式，有的坑埋葬近百具人骨[15]，实行集中埋葬，聚集分布；峡江地区则可看到关庙山那样的集中瓮棺葬墓地。但在屈家岭文化时期，南阳盆地的大多数聚落演变为零星分散埋葬的形式。而峡江地区出现了明显的变化。曾在大溪文化时期集中埋葬瓮棺的关庙山遗址，尽管在屈家岭文化时期也有瓮棺发现，但已转变为分片出现，且似乎不在房屋附近，说明是单独划分的瓮棺葬区。同时，该聚落的土坑墓发现很少，而且分布零散，并未出现明显的规律。这些现象意味着两个地区的墓地选址理念发生了明显变化。

此外，瓮棺葬的埋葬习俗则表现出一定的特殊性。在一些遗址内部，瓮棺葬的葬地也十分多样，而瓮棺葬散见于居住区则是当时社会的普遍现象。瓮棺葬与竖穴土坑墓同葬于墓地的情形，则反映先民将死亡幼童同成人一样葬在家族或其他属性的墓地中。单独的瓮棺葬墓地和公共墓地中的瓮棺葬墓区说明当地先民把瓮棺葬作为埋葬死亡儿童的一种常用葬制。同时，在有些瓮棺葬墓区与竖穴土坑墓区共存的墓地中，瓮棺葬的数量明显多于竖穴土坑墓，也就意味着在墓地使用时期，儿童的死亡概率是十分突出的，造成这种现象的原因可能是较差的卫生状况或者溺婴习俗[16]。

　　而位于汉水中游的黄楝树、青龙泉遗址，瓮棺被放于竖穴土坑墓的腰坑中。有研究者指出这类合葬墓应是瓮棺葬与土坑墓的简单结合[28]，且葬具与一般瓮棺无异。所以从这个角度讲，上述案例与普通瓮棺具有同等属性，只不过其葬地和动因稍显特殊。

葬 仪 观 念

生死与共：同圹并穴墓

　　在屈家岭文化的众多墓葬中，有一类比较特殊的土坑墓葬，被称为"同圹并穴墓"。这类墓葬的结构是大坑套多个小坑，即在一个大的竖穴土坑内，用低于坑口面的土隔梁划分为几个平行的空间单元，并在不同的单元内分别埋葬死者，形成多个墓室。如果进一步分解，可知此类墓葬在形制方面同时具备三个特征：一个共同的大坑（同圹），大坑内有两个或两个以上的小坑（多室），小坑之间是平行并列的（并穴）。

　　此类墓葬在城河遗址的王家塝墓地有较多发现（图六○一）。该墓地已发掘同圹并穴墓6座，其中5座为两穴，1座为三穴，皆为"一穴一人"。各穴之间的隔梁均为生土，但高度不一，有的高达0.8米，有的仅与棺木顶部持平。

位于墓地最中心的 M112，是一座"同圹三穴墓"。在这座大墓的西侧，有一座同圹两穴的合葬墓，编号 M233，"打破"了 M112。打破，是考古学的科学表述，其实考古人员更倾向于认为这是一种"对接"现象。M233 的墓主在下葬的时候，葬礼的操办者应该知道 M112 的存在，而且有意识地在 M112 的西端开挖了同穴双室的墓坑，从而形成了一个"五连间墓室"的特殊形制。有意思的是，M233 的两个墓主都是女性，并且都随葬了纺轮，似乎暗示着城河先民有着"男持钺、女纺线"的性别分工。

在鄂西北山地的保康穆林头遗址也发现了类似的墓葬。保康穆林头遗址 M26 和 M33 之间除了土梁之外，在 M26 一侧还发现有二层台。两墓均放置玉（石）钺，可能为同性合葬。其中 M26 人骨为仰身直肢，身高在 180 厘米以上。另外，在峡江地区的杨家湾、南阳盆地的青龙泉等聚落，亦存在此类墓葬的案例。

毋庸置疑，城河遗址王家塝墓地将同圹并穴墓的使用推上了顶峰。就葬具、葬仪复杂程度和随葬品的种类数量而言，同圹各穴之间并非平等。M112 中间坑穴有体量硕大的棺木、朱红色漆器、象牙器、玉石钺，墓主周围摆放有大量磨光黑陶，而且填土中填埋的若干带盖大型容器也偏于中间坑穴上方。反观两侧坑穴，尽管亦随葬玉石钺，但棺木体量相对较小、结构单一，棺内陶器数量也不多。位于墓地西北部的 M155 也是如此，东穴棺内外随葬漆器和大量豆、罐等磨光黑陶，墓主右股骨附近亦发现玉钺；而西穴棺木较短，仅随葬豆、杯、小罐等陶器。M202 两穴之间的差异没有 M112、M155 明显，但依然可见西穴的随葬品种类较东穴丰富。

整个墓地开口面积在 10 平方米以上的大型墓葬有 7 座，多为同圹并穴墓。而且，M112 位于墓地中心，开口面积达 22.4 平方米，是该墓地规模最大的墓葬，是长江中游地区迄今为止发现的面积最大的史前墓葬。这座大墓复杂的棺木和丰富的随葬品也显示了墓主的非凡身份。这些现象至少说明，同圹并穴墓是当时部分社群上层使用的墓葬形制。

保康穆林头遗址 M26 不仅在人体两侧和二层台上随葬大量的陶器，而且在身体右侧一线依次可见象牙管、玉钺、玉牙璧等特殊礼仪组合。但与之并列的 M33 仅看到 1 件石钺和一些破碎陶器。二者随葬品差异明显，暗示其身份亦有区别。就整个墓地而言，M26 的随葬品种类和数量都十分丰富，并且被同期其他墓葬所环绕，发掘者推测其为社群"高级别的人物"。

以往的发掘表明，之前的油子岭文化曾使用同圹并穴墓，而且多见于油子岭文化的边缘地带。这些边缘地带为油子岭文化与北、东方强大势力争夺的前沿阵地，更是保护油子岭文化腹心区域的关键防线。这里的武力冲突较为常见，同时死亡下葬的概率较大，也意味着具有合葬的社会需求。

屈家岭文化受油子岭文化影响颇深。王家塝墓地中时常可以看到随葬小罐、小鼎等明器化器物的现象，在钟祥六合[17]、荆门龙王山[18]等油子岭文化墓地中能够找到更早的同类葬俗。这与油子岭文化放置小篃形器的做法相近。M112、M155、M202 填土中填埋或二层台上放置瓮、罐等大型带盖陶容器的现象，与油子岭文化一些同圹并穴墓随葬的红顶钵、陶罐组合具有异曲同工之处。而且，王家塝墓地中发现的随葬猪下颌骨的现象，在油子岭文化墓地中也大量存在。以此为线索，王家塝墓地的同圹并穴墓也来自油子岭文化的"葬仪基因"。

尽管同圹并穴墓是城河先民部分社群上层使用的墓葬形制，但是值得注意的是，这种形制可能具有特殊性，并非普遍存在于屈家岭文化中。澧县城头山[19]、石首走马岭[20]、天门石家河[21]等核心遗址已发现的屈家岭文化墓葬，都是单坑个体葬的形式。反而位于屈家岭文化边缘区的保康穆林头遗址却出土了同圹并穴的墓葬。不过，从墓向差异和随葬品的组合来看，穆林头墓地经过前后两个社群的使用，同圹并穴墓只出现于晚期的社群中，应是阶段性的现象。

在屈家岭文化同圹并穴墓中，各小坑的墓主是一次性埋葬还是经历了多次下葬？城河墓葬的形制葬式、营建特征和填土堆积能够为我们提供一些线索。

城河遗址的同圹并穴墓的发掘都预留有填土剖面以观察墓葬的营建系统。已发表的 M155 填土堆积显示，下部填土相对倾斜，应该是墓坑规模较大，填土最初落在紧贴墓壁的方位，而且下部接近棺木，不便于平整处理。填埋至一定深度时，上部填土开始呈相对水平状，也反映了填埋之后没有经过破坏[22]。

预留的填土堆积剖面亦表明，城河遗址同圹并穴墓不同层填土的"界面"上常常出土陶容器，应是伴随填土的逐层倾倒先后分别放置的。如果二次开挖，很容易对这些器物造成破坏，但在实际发掘过程中没有看到器物损坏的迹象。

需要注意的是，田野揭露的只是墓葬填埋的最后现场，关于其形成过程我们只能根据现有信息作出最大可能性的判断，而无法将其视为绝对真相。

神秘的葬俗：腰坑与瓮棺

早在黄楝树遗址发掘的时候，考古学家注意到有 3 座土坑墓与 3 座瓮棺葬分别组成合葬墓的现象（图一〇二）。其中，M15 位于 T8，墓向 223°，墓主仰身直肢，头向西南。墓主头部两侧分别随葬一组耳饰，右耳饰由石珠 2 枚、陶环 1 个穿

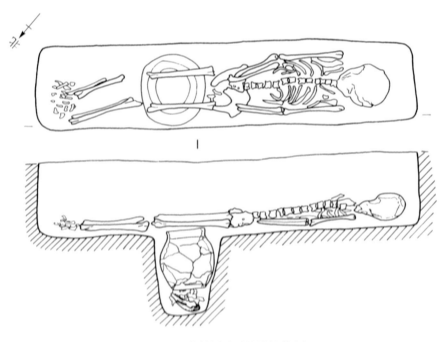

图一〇二　黄楝树遗址的腰坑葬 M15

系而成，左耳饰由石珠 4 枚、陶环 1 个组成。另有成串石珠置于墓主腰部，这些复杂的装饰暗示了墓主的女性身份。在墓主盆骨及大腿骨下方挖有一小坑，坑内埋有罐、豆组成的瓮棺葬，编号为 W24，内葬婴儿。同时，在 T8 的另一座墓葬 M11，墓向与 M15 相近，亦为仰身直肢葬，头向西南，盆骨及大腿骨下方是由罐、豆组成的瓮棺葬 W21，并在罐下面放置一猪头骨。在相邻的 T9，M23 的骨架下也有一陶罐，罐口用陶片封盖，罐内装有已朽的幼儿骨架。由于埋葬瓮棺的小坑位于墓主腰部的下方，可将其称为"腰坑"。

这三座土坑墓墓主均为成年人，M15 经鉴定为女性，其余两座性别不明。按发掘简报的介绍，这三座墓墓主的头向都为西南向，与墓地中大多数墓葬的头向相同，并无特别之处，墓圹面积也无突出点，只是在随葬品方面比普通墓葬相对丰富。M15 随葬有耳饰 2 串和珠饰 1 串。发掘者介绍，"这副耳饰为屈家岭文化中罕见的珍品"[23]。M11 瓮棺底部随葬有 1 个猪头，足见这些墓葬墓主的身份比较特殊，至少比较富有，能够拥有精美的串饰，并埋葬猪头等象征财富的物品。从埋葬位置来看，这三座墓葬均位于房屋附近。

土坑墓设置腰坑并填埋瓮棺的葬俗，在青龙泉遗址也有看到。青龙泉 M45 的圆形腰坑内埋葬高领罐和红顶钵组成的瓮棺葬具；M220 则在腰坑内放置高领罐式瓮棺。青龙泉的考古发现表明，这类葬俗一直延续到了石家河文化时期，而且相关墓葬的数量要多于屈家岭文化。另外，值得注意的是，单就史前腰坑墓葬而言，河南尉氏椅圈马、甘肃永登蒋家坪、广东封开鹿尾村等遗址都有发现，但坑内放置其他器物而非瓮棺[24]。腰坑与瓮棺的组合方式目前仅见于汉水中游，且主要集中于屈家岭文化及后续的石家河文化。

其实，土坑墓中放置瓮棺的葬俗，不仅见于汉水中游，在江汉平原腹地的石家河、城河等城址都有发现，只不过没有腰坑这一特殊遗迹。城河遗址王家塝墓地中，一些墓葬的棺顶或二层台上放置有瓮棺（图一〇三）。石家河古城邓家湾地点 M95 为竖穴土坑墓，但在骨架右侧中部置一瓮棺，内有小孩头骨和牙齿[25]。

图一〇三　城河遗址出土的独木棺与瓮棺组合 M60

　　土坑墓与瓮棺的组合方式，有学者认为是婴少儿瓮棺与成年墓主的特殊合葬形式，而且很可能是夭折的婴儿与父亲或母亲合葬的一种特定葬俗[26]。至于为什么有的墓葬设置腰坑以埋葬瓮棺，学界已有一些探索。早在黄楝树的发掘简报中，发掘者根据 M15 的人骨鉴定结果，暂推测这几座土坑墓墓主都为女性，她们或因分娩难产，招致母子双亡，出于赤子之心，其尸体同埋一墓[27]。后来有研究更进一步指出，腰坑位于盆骨下方，寓意是让婴儿重新回到母体内，再一次顺利地从母体内生出[28]。

　　事实上，黄楝树的三座墓葬中只有 M15 经鉴定为女性，其他两座墓葬并不能排除为男性的可能。最为关键的是，青龙泉遗址的同类墓葬无一例外都是男性[29]。所以，腰坑中放置瓮棺的原因仍然需要进一步探索。或许，这类葬俗最早产生时为母子合葬，后来逐渐演变为父子合葬。合葬中的成年个体与婴少儿个体存在血缘关系的可能性极高。当然，这些解释很大程度上都是一种推测，尤其对成年个体与婴少儿个体之间的血缘关系，仍期待 DNA 的提取成功以及之后的检测分析。但无论如何，此类土坑墓与瓮棺葬组合的埋葬习俗开创于屈家岭文化，具有鲜明的地域特色。

财富的象征：猪下颌骨

通过饲养家猪获取肉食资源，在长江中游和华南地区有着悠久的传统。早在下王岗一期时，汉水中游就出现颌骨随葬的现象[30]。尤其相当于油子岭文化晚期，龙王山、顾家坡、曹家楼、六合、放鹰台、螺蛳山、塞墩、陆墩等多个遗址都发现有随葬猪下颌骨的葬俗，分布地域集中于汉水中游和鄂东地区，但两个区域并非同源。前述可知，汉水中游早在下王岗一期就有颌骨随葬，应该是受到了贾湖类型遗存的影响，因为二者相距较近，前者的文化源头也与后者有关[31]。鄂东南的颌骨随葬可能与黄鳝嘴文化有关，而黄鳝嘴文化的此类因素则来自东方的宁镇地区[32]。

屈家岭文化继承了早期文化的基因，将这一葬仪扩展到了汉西地区。位于该区域的王家塝墓地，部分墓葬的棺外随葬有猪下颌骨，但数量与墓葬规模不成关联。不过，在汉水中游地区，大型墓葬的猪下颌骨数量明显要多于普通墓葬。黄山遗址M77的墓主手握象牙长弓和玉钺，身挎箭囊，脚蹬400余件猪下颌骨，显示出非凡的王者之气[33]。汉水中游有着随葬猪下颌的早期传统，有研究显示该地区的一些聚落，有将精心收藏400年以上的猪下颌放置于一墓的现象[34]，所以黄山遗址M77的400余件猪下颌不排除多年积累形成的可能。

考古学家对随葬猪下颌的现象展开过多方面的研究和阐释，就其功能的认识可归纳为辟邪说、战利品、祭品（肉食）、财富象征等说法。祭品说比较容易理解，在史前先民眼中，死者的世界是另一个人世，作为古人的佳肴的肉食也被他们虔诚地献祭给死者或其他鬼神。财富说认为猪头骨是财富的象征，随葬猪头骨意味着史前时期私有制的产生，显示了个人所拥有的财产[35]。有学者根据古文献和民族志的材料，提出墓葬中随葬猪头骨、下颌骨具有辟邪的作用，是为了保护死者的灵魂[36]。甚至有日本学者强调猪是一种能击退恶魔的神威动物，而具有锐利的钩状犬齿的猪头和下颌骨是这种威力的根源[37]。从屈家岭文化出土猪下颌骨的资料来看，汉水中游和江汉平原腹地的寄寓应该不同。前者墓葬中的下颌骨数量与墓主身份、等级有所关联，但后者的墓葬规模与猪下颌骨的多寡并无绝对联系。

最后的容身之处：葬具的多样化

屈家岭文化的葬具主要有陶质和木质之分。陶质葬具主要来自瓮棺葬，常见的有罐、釜、鼎、盆、碗、豆、钵，还有一些盘、缸、瓮、盖等。这些陶质葬具大多都能在生活用具中找到同类器，有的甚至直接利用残破的生活用具作为葬具。不过，江汉平原出土的一些陶釜葬具胎质很薄，质地疏松，似乎在生活用具中难以寻觅，很可能为葬具所专用。

值得注意的是，不同地理单元的屈家岭文化，其"瓮棺"器类组合的种类有所差异。如，鼎作为瓮棺葬具，主要见于鄂北和江汉平原，澧阳平原就少见；又如，盘在澧阳平原常见，而在江汉平原很少看到。

如果细分，这些组合的器物又可划分为"装殓用具"和"覆盖器具"。前者主要用来盛装死者尸骨，个头一般较大；后者类似于棺盖的作用，用以隔绝瓮棺内部和外部，器形较小。"装殓用具"和"覆盖器具"构成成套的瓮棺葬具。据统计，屈家岭文化瓮棺葬具的组合方式多达 70 余种。这些瓮棺葬具有明显的加工处理。一些碗、豆等"覆盖器具"的底部常留有类似于"人眼"或不规则圆形的孔洞，可能与学界经常提及的"灵魂通道"有关[38]。有些孔洞明显是在陶器烧制之前完成的，意味着有可能存在专门的瓮棺生产链。此外，有的瓮棺葬具的外表还涂抹黄泥，推测可能作为特殊的保护措施或标记使用。

屈家岭文化最多的墓葬仍是土坑墓。早在 20 世纪八九十年代，考古队在石家河古城邓家湾地点发掘屈家岭文化墓地的时候，就发现一些墓葬紧贴墓壁的部位常常保存有"熟土"二层台，而根据田野经验，这种"熟土"二层台一般是人为用土填充棺木与墓壁之间的缝隙形成的。同时，发掘者还在个别墓葬内发现有可能与葬具有关的"青膏泥"（埋藏环境导致的葬具腐烂痕迹），更让人感兴趣的是一座墓葬内还出土了木板的残块。所以考古工作者们在当时就推测屈家岭文化的土坑墓已经使用了木质葬具，只不过由于信息残破，葬具的形制无法复原。后来，在走马岭遗址的发掘过程中，也发现有葬具的残痕，但保存较差，形制仍然不明。直到2017年，城河城王家塝墓地的发掘，终于发现了形制明确的屈家岭文化葬具。

在王家塝墓地，屈家岭文化的葬具有三类：一类是整木掏空的独木棺（图一〇四），一类是用木板拼接的长方形板棺，一类是席子或单层的木板。其中，独木棺的数量占据绝对主体，而且形制十分丰富，有整身粗细接近的圆柱形，有两头翘起的船形，有一头粗一头细的梯形，等等。除了外形多样，独木棺内部结构也十分复杂，有的独木棺直径达110厘米，内部有一层隔板，上层放置墓主尸身，下层则铺满器物，而且外壁涂有红色的漆痕。由于独木棺直接来自掏空的整木，棺底依然保存着树木的圆弧形状，所以放在墓室需要用土或多根木柱固定。为了保证棺盖棺底结合紧密，一些独木棺还用编织的绳子捆绑，甚至为了抬放方便，一些独木棺的四角还雕刻有把手。

其实，独木棺在长江中游有着漫长的使用历程。早在屈家岭文化之前，在长江中游东端的黄梅塞墩墓地就发现过一些独木棺迹象。尽管该墓地在地理上位于

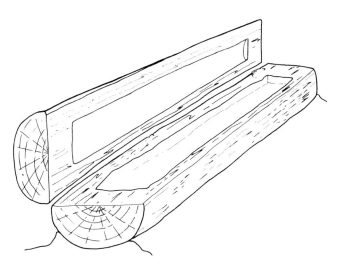

图一〇四　独木棺形制

（改自：浙江省文物考古研究所：《小兜里》，文物出版社，2015年）

长江中游，但它们的文化内涵属于东方系统的黄鳝嘴文化。在更遥远的东方，比屈家岭文化早的崧泽文化就使用了独木棺，为后来的良渚文化所沿用。良渚王陵的反山墓地，"棺床"大多呈凹弧形，随葬品从两侧向中部倾斜，说明棺木本身就是独木棺。或许是因为长江中下游地区植被茂盛，更容易获得粗壮的树木；加上独木棺比板棺密封性好，更容易适应南方土壤多水的习性，所以独木棺成为当时长江中下游共通的葬仪元素。

第七章

走出两湖：屈家岭文化的冲击波

屈家岭文化崛起之后，北进中原，西入关中，东抵淮河、太湖，南下赣鄱，开启了强劲的文化扩张（图一〇五）。

屈家岭文化向两湖以外地区传播的表现形式大约有三种：一是屈家岭文化特征的器物出现在其他地区，以双腹豆、双腹盆、厚胎杯、圈足钮器盖和筒形杯、斜腹杯、斜腹碗为代表的器物；二是主体因素来自屈家岭文化，在传播过程中发生了某些变异；三是整体上属其他地区土著文化的器物，但某些形制或纹饰特征具有屈家岭文化的风格。如一些器物折沿加宽、呈现出双腹倾向以及划纹、弦纹或凸棱的增多，这是当时屈家岭文化陶器作风被当地土著文化借鉴的结果。以上第一种形式表现得直观清晰，第二、三种形式则相对隐晦，但实际上正体现了当地文化对屈家岭文化的接纳和融合。

随着屈家岭文化与当地文化逐步融合，产生了一些新的器形，当地文化进入了创新、改造的新时期，甚至裂变为新的考古学文化。

屈家岭冲击波

"问鼎"中原

"问鼎中原"的典故为国人所熟知。其实，比楚庄王早 2 000 多年的时候，分布于两湖地区的屈家岭文化就开启了北进中原之路。

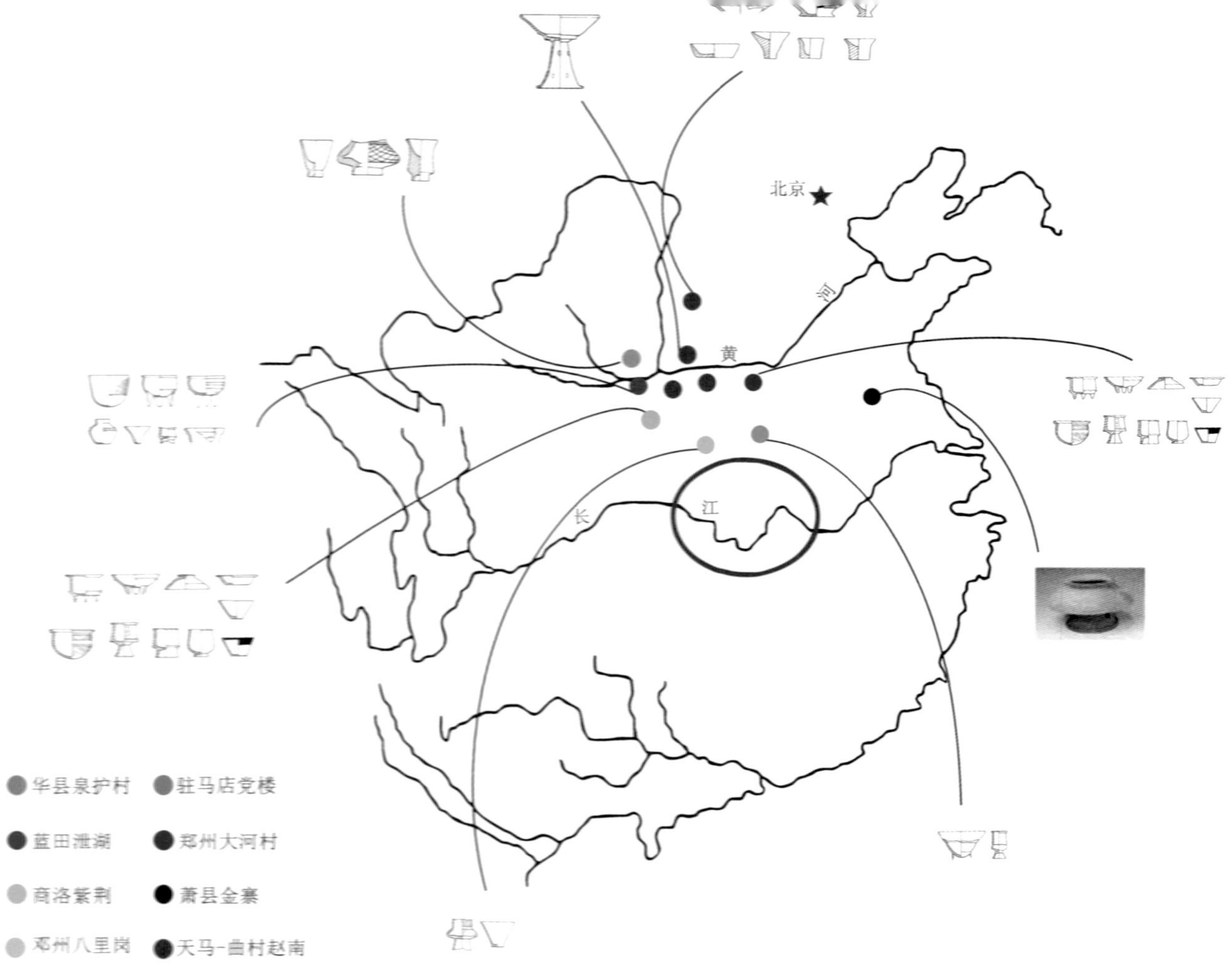

图一〇五 屈家岭文化主要传播区域示意图

北京★

黄

江

长

图例：

● 华县泉护村   ● 驻马店杨庄楼
● 蓝田泄湖   ● 郑州大河村
● 陕沧寨荆   ● 嵩县全寨
● 郑州八里岗   ● 天马-曲村赵南

中原与江汉平原之间的南阳盆地，是一块极为特殊的地方。江河之间的区位优势，使这里成为了中国南北文化的交汇地带。在距今3 000年之前，这里一直是黄河流域史前文化系统的分布区。直到屈家岭文化崛起，江汉文明开始进入南阳盆地，并以此为基础，吹响了挺进中原的号角。那么屈家岭文化的先民们是什么时候抵达南阳盆地的呢？

在屈家岭文化之前，南阳盆地活跃着仰韶文化。屈家岭文化在江汉平原兴起之时，南阳盆地的一些核心聚落似乎仍坚守着仰韶文化的传统。以青龙泉遗址为例[1]，为配合早年丹江口水库建设以及新世纪以来南水北调工程，该遗址经过多次发掘，先后确认仰韶文化、屈家岭文化、石家河文化由早及晚的演变序列。遗址核心区出土的一座房屋，编号为F6，保存较好。可能是突发性事件导致房屋坍塌废弃，房屋地面上仍放置着先民使用过的成组陶质生活用具，包括烹煮的鼎、装粮的瓮、储水的瓶以及可能用于盛饭的碗。这批生活用具中，除了少量器物开始具备江汉平原屈家岭文化的些许风格，大多数器物仍保留着南阳盆地仰韶文化风格，土著因素明显占据主体。但在F6房屋之下的垫土内，考古学家发现了一些典型的屈家岭文化早期的双腹器。根据房屋建造的流程，一般先铺设垫土，再搭建房屋，所以房屋地面上生活用具的年代是不早于垫土包含遗物的年代的。换言之，房屋主人生活的年代应该进入了屈家岭文化时期。这一时期，尽管南阳盆地出现了少量屈家岭文化风格器物，但整体依然维持着仰韶文化传统，屈家岭文化对于该地区只是少量地渗透。

在F6房屋西侧，考古学家还发现了3座房屋和1座大的垃圾坑。这些遗迹也出土了大量遗物。根据分析，它们的年代相当于屈家岭文化中晚期，比F6要晚。但在这些晚期的房屋和垃圾坑内，出土的绝大多数遗物都是典型的屈家岭文化器物，早期盛行的土著因素已极少看到。类似的现象也出现于淅川沟湾遗址[2]。这些信息表露，屈家岭文化早期只对南阳盆地进行了渗透，这里的土著文化依然强大。直到屈家岭文化中晚期，屈家岭人才大规模占据江河之间这一重要区域。

考古研究表明，屈家岭文化进入南阳盆地的过程可能并不顺利，甚至遭遇过暴力与血腥的战斗。这一时期的多处遗址就发现有人骨扭曲变形的乱葬坑。而且在前述的沟湾遗址，旧聚落被摧毁，新聚落拔地而起。屈家岭人将仰韶文化兴建的环壕设施填平，推倒早期的房屋，修建了全新的房屋和仓储设施。为了防止南阳盆地旧势力的沉渣泛起，屈家岭人还在江汉平原与南阳盆地相接的咽喉地带，修建了具有军事性质的凤凰咀城，以实现武力威慑的目的。

屈家岭人还接手了仰韶人在黄山遗址的玉石加工场，继续维护着繁忙的码头和人工运河，但他们对仰韶势力的冲击无处不在。仰韶人辛苦建造的土坯房屋被掩埋，这里成为屈家岭人的墓地，早前"居家式"作坊群也明确转向"团体式"生产模式[3]。

多种努力终于使得屈家岭文化在南阳盆地站稳了脚跟，为挺进中原奠定了扎实的基础。

中原腹地的郑州平原发现有极为丰富的屈家岭文化遗存（图一〇六）。各类屈家岭文化风格的杯、壶、盆、鼎、豆等在郑州平原都有发现。屈家岭文化大量流行的鼓腹圈足杯在该地区随处可见，如北刘庄、谷水河、西山、双槐树等遗址。

尽管屈家岭文化在豫中地区的传播表现出了强劲的势头，甚至在紧邻黄河的郑州大河村遗址长期分布，但现有的资料显示，它们并未在豫中越过黄河，北上势头由此被折挡。

几乎同时，在豫西的洛阳、三门峡盆地都发现了圈足杯、敞口杯、喇叭形薄胎杯、双腹盆、双腹豆、盆形鼎等屈家岭文化晚期因素的器物。在豫西地区，屈家岭文

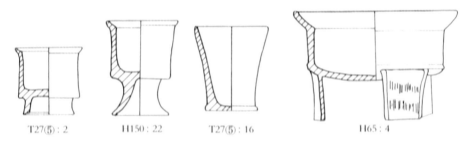

T27⑤：2　　　H150：22　　　T27⑤：16　　　　　　　H65：4

图一〇六　大河村遗址出土屈家岭文化（含屈家岭文化风格）陶器

化完成了北渡黄河的过程。位于黄河北岸的孟县许村遗址第一期文化遗存中，发现有屈家岭文化风格的鼎和杯。不过，从形制上看，所见器物似乎年代稍晚，或许是屈家岭文化影响的孑遗。屈家岭文化对于晋南的传播应是在豫西地区的基础上完成的，但影响力已相当薄弱，无论在遗址数量还是器物种类上，都不及豫中和豫西地区。

然而有趣的是，位于灵宝盆地南缘的涧口遗址出土了为数不少的敞口杯，经比较发现这些敞口杯在豫西南、陕东南同时期的遗存中能够看到，而在豫中地区出土的数量众多的屈家岭文化陶杯中无迹可觅。此外，大量流行于鄂西北—豫西南、豫中地区的屈家岭文化鼓腹圈足杯在豫西、晋南等地极少发现。同时，文物工作者在洛河上游的卢氏县采集到了丰富、典型的屈家岭文化陶片，不排除这里分布有以屈家岭文化遗存为主或其中一些单位以该文化为主的遗址的可能性[4]。所以，屈家岭文化向中原传播时，或许存在着一条不过豫中、而从豫西南直往灵宝盆地的交流通道。从地形、地貌看，这条通道从陕东南，到商丹盆地，再接卢灵古道，抵达灵宝盆地的可能性很高。

当屈家岭文化的一支穿过方城缺口出现在豫中平原时，另一支则沿西北的丹江通道，出现在陕东南的商丹盆地，商县紫荆[5]，商南黄州奎、过风楼[6]，商州庾原[7]，洛南焦村[8]，丹凤巩家湾[9]等遗址都可以看到屈家岭文化的器物，如杯、三足钵、双腹豆、大口缸等。从目前的发现来看，屈家岭文化在商丹盆地有着广泛的分布，紫荆遗址其中一个时期的遗存几乎都是屈家岭文化遗存（图一〇七）。

在随后更晚时期，它们进一步翻越秦岭到达渭河谷地的蓝田一线，直抵关中腹地。蓝田新街[10]、长安花楼子[11]、武功浒西庄[12]、华县泉护村[13]、宝鸡福临堡[14]

H124：13　　　T26③：01　　　H124：54　　　H29：04　　　T13④：01

图一〇七　紫荆遗址出土屈家岭文化陶器

等遗址都发现有屈家岭文化的双腹豆、盆形鼎、杯等器物。不过，与丹江流域相比，屈家岭文化在关中地区的影响力明显减弱，器类所占比例不高。而且从地域看，关中东部的屈家岭文化因素似乎比西部更为典型。

挺进淮河

豫南地区驻马店、信阳地区靠近南阳盆地，在早期就受到屈家岭文化影响。但从公布的资料来看，豫南地区屈家岭文化相关遗存还存在着一定的区域性差异，似乎可分为南、北两区。二者大体以淮河为界，北区包括驻马店地区大部，南区包括信阳地区。南区发现的李上湾第一期、南山咀"仰韶文化"、淮滨沙家[15]等遗存，虽可看到屈家岭文化的影响，但表现出了更多的土著特征。例如，李上湾第一期的折腹鼎、罐可能受到了屈家岭文化的影响，但大量发现的豆、圈足钵、罐形鼎则具有自身特征。相较之下，北区的党楼一期遗存则体现出了相对明显的屈家岭文化影响，双腹器、圈足杯等屈家岭典型器物已传播至此。

从地缘上看，尽管以信阳为中心的南区与随枣、江汉地区相邻，中间仅有大别山、桐柏山相隔，似乎比其他地方更有成为屈家岭文化向淮河传播的首站优势，但已有的研究显示，屈家岭时期并没有打通大别山和桐柏山之间的地理隘口[16]。屈家岭文化走出江汉、传播中原的路线，不得不西过随枣，以鄂西北、豫西南等区域为据点。交流通道的选择引起的文化分布，很可能是屈家岭文化在豫南南、北两区出现传播差异的直接原因。石家河文化时期，沟通豫南与江汉地区的"义阳三关"得以凿开[17]。位于桐柏山—大别山以南的石家河栗山岗类型直接向北进入豫南南区，而分布于鄂西北、豫西南的青龙泉三期类型则见于豫南北区[18]。这也从侧面说明，从鄂西北、豫西南进入豫南地区，北区比南区更为畅通。由此我们也能够理解，在桐柏山—大别山隘口尚未凿通之时，屈家岭文化何以在豫南北区的影响大于南区。

在影响豫南地区之后，屈家岭文化沿淮河一路高歌东进，抵达皖北。亳州付庄的多座墓葬随葬了屈家岭文化风格的双腹豆、双腹鼎[19]。萧县金寨遗址出土了更为典型的屈家岭文化器物，彩陶壶、圈足杯、双腹盆、双腹豆，其中还出土了弥足珍贵的筒

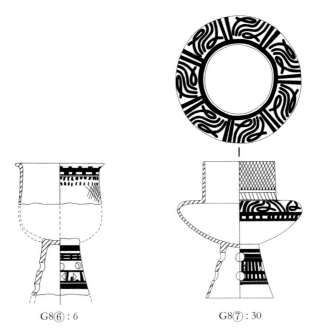

G8⑥：6　　　　　　　　　　　　　G8⑦：30

图一○八　金寨遗址出土的屈家岭文化器物

形器（图一○八）。即使在江汉平原，筒形器也只在中心聚落的仪式性活动中才可以看到，而遥远的金寨出现这类"神器"，很可能意味着屈家岭文化的仪式理念已远播至此。

从地理区位看，金寨遗址地处苏鲁豫皖交界处，距离大汶口文化修建的滕州岗上城址不过 110 公里，是学界认为的大汶口文化南下和良渚文化北上的重要节点。在金寨聚落内部，屈家岭文化与大汶口文化相关器物共存于同一个遗迹单位，展示出文化融合的历史趋势[20]。

以皖北为中转站，屈家岭文化与大汶口文化进行了密切的交流。大量的双腹豆出现于鲁南、苏北的大汶口文化聚落之中。不过，这类双腹豆并非对屈家岭文化"产品"的完全照搬，而是实施了一定的改造，加入了大汶口文化自身的装饰风格。

东望太湖

与淮河流域不同，屈家岭文化在长江干道的东进之路并不顺利。它们与薛家岗文化在鄂东一带展开了长时间的"对峙"，一些聚落内部能够看到彼此的文化因素。然而，这种交流更多出现于相互接触地带的"渗透"，双方分布的核心范围内很少能看到对方的文化因素。这些现象与早前的油子岭文化时期明显不同。

尽管薛家岗文化"矗立"在屈家岭文化与良渚文化之间，但屈家岭文化对于太湖地区的"向往"从来都有。良渚文化的聚落中能够看到屈家岭文化因素的器物，上海广富林[21]、桐乡新地里[22]、余杭卞家山[23]、上海亭林[24]等遗址都可以看到带有屈家岭文化因素的鼎、豆等器物。而位于良渚遗址群的庙前[25]、上海福泉山[26]等遗址则出土了典型的屈家岭文化陶

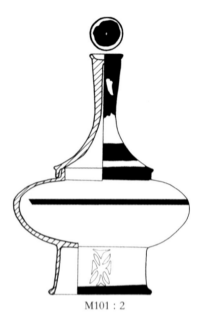

M101：2

图一〇九　福泉山遗址出土的屈家岭文化因素器物

罐（图一〇九）、盂形器，甚至朱砂涂抹盂形器表面的现象都与江汉平原所见一致。

在屈家岭文化因素来到太湖地区的同时，良渚文化的琮也来到了长江中游地区。汉水中游的青龙泉遗址就出土了良渚式的三节玉琮。有意思的是，三节玉琮一般见于良渚晚期，而早于良渚晚期的屈家岭文化出现三节玉琮，或许说明三节玉琮是通过屈家岭人改造形成的。除了高等级器物的传播之外，良渚式的陶器也出现在江汉平原的东缘。螺蛳山、放鹰台等遗址出土的长颈壶与良渚文化的双鼻壶十分接近，而与其邻近的薛家岗文化就出现过良渚式琮、壶等器物，推测应该是良渚文化借助薛家岗文化，通过长江干道溯江而上来到江汉平原的。同时，远在湘中的岱子坪遗址也发现了屈家岭、石峡、良渚等三类文化遗存共存的现象。而该地区远离长江干道，与鄂东地区远隔重山，但紧邻鄱阳湖地区。

这些迹象表明，良渚文化与屈家岭文化之间的交流可能有两条路线：一条是良渚文化沿长江干道溯流而上，穿过薛家岗文化，最终到达鄂东，与屈家岭文化发生接触；另一条则是通过赣鄱地区，到达湘中。整体来看，良渚文化因素更多出现于

屈家岭文化分布的边缘区域，在两湖平原的核心区域极少发现。

南下赣粤

屈家岭文化时期，赣粤地区分布着石峡[27]、樊城堆[28]、山背类型等文化或遗存。

在石峡文化遗存中可以看到少量屈家岭文化因素，如拾年山二段出的凹底高领罐（第三次发掘 M86：4）、饰圆形镂空高圈足式捉手的器盖，樊城堆一段出的双腹豆等。

山背类型遗存目前仅在修水一带有少量发现[29]，其西邻洞庭湖地区，其东连通鄱阳湖，与分布在其周边的屈家岭文化、薛家岗文化、石峡文化都有一定的关系。圆腹罐形鼎、杯形豆、扁腹壶等器形应该来自屈家岭文化，部分器形与城头山类型较为接近。

路 线 差 异

整体来看，屈家岭文化向外实现影响的区域主要集中于"北方"的以郑洛、关中、晋南为核心的中原地区，以及邻近中原地区的淮河流域，而太湖、华南等广袤的东、南方地区也多有文化上的交流。

北上的屈家岭文化分为三路：东路出南阳盆地抵达豫南的上蔡和驻马店，随后对淮河以南的信阳地区施加影响；中路北出"方城缺口"，直抵黄河南岸的豫中平原；西路沿丹江通道而上，到达秦岭谷地，一路挺进关中平原，另一路直奔灵宝盆地。晚期时，位于豫西洛阳和三门峡盆地的屈家岭文化渡过黄河，北上晋南。

屈家岭文化在沿上述路线向中原地区的传播中，以鼎、豆、壶、杯等器类为常见。这些器类之间的分布比例则直接反映了同一文化传播的地域性差异。对于器类分布的观察显示（图一一〇），豫南地区以鼎的分布为多，豆、杯、壶相对较少；豫中出土的屈家岭文化陶杯无论在数量还是种类上都要多于其他地区，且该地区发现屈家岭文化遗存的遗址几乎都有陶杯出土；陕东南—关中一线、豫西、晋南地区出土的屈

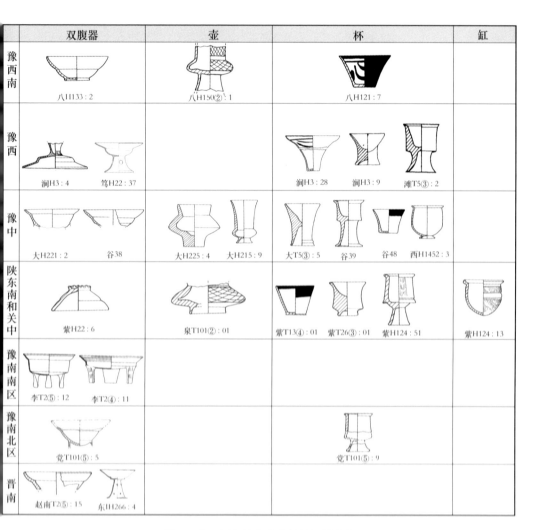

	双腹器		壶	杯				缸
豫西南	八H133:2		八H150②:1	八H121:7				
豫西	涧H3:4	笃H22:37		涧H3:28	涧H3:9	滩T5③:2		
豫中	大H221:2	谷38	大H225:4 大H215:9	大T5③:5	谷39	谷48	西H1452:3	
陕东南和关中	紫H22:6		泉T101②:01	紫T13④:01	紫T26③:01	紫H124:51		紫H124:13
豫南南区	李T2⑤:12	李T2④:11						
豫南北区	堂T101⑤:5			堂T101⑤:9				
晋南	赵南T2⑤:15	东H266:4						

图 一〇 屈家岭文化北扩的区域差异

（改自孟原召：《屈家岭文化北渐》，《华夏考古》2011 年第 3 期）

注：八：八里岗 青：青龙泉 紫：紫荆 李：李士湾 堂：堂楼 大：大河村 谷：谷水河 西：西山

家岭文化陶杯也较为常见，不过种类与数量相对豫中减少，而且还出现了不见于其他区域的陶缸。

与之相关，已有的研究表明，屈家岭文化在传播的过程中，因时间和地域的不同，形态发生了些许变化，融入了当地原有文化和其他外来文化的因素[30]。不过，如果进一步比较，则能够看出这一现象在豫中、豫南较为明显，如位于豫中的谷水河遗址出土的部分圈足杯带有三角形镂空，明显是受到了大汶口文化的影响；陕东南—关中、豫西、晋南地区出土的相关鼎、壶、杯等器类，则保持了更多的屈家岭文化特征。

上述两方面迹象表明，屈家岭文化向中原地区的传播过程中，陕东南—关中、豫西、晋南地区有着同步的区域变化，豫中、豫南应是各自独立的两个区。

即使在大区内部，似乎也存在着传播的差异性。豫南紧邻豫西南、随枣走廊等地区，已发现的可能与屈家岭文化同时期的党楼一期、南山咀"仰韶文化"、李上湾一期等遗存，带有明显的南北区别。而且，即使受屈家岭文化影响较大的北区，仅有鼎、罐等炊、盛具带有屈家岭文化影响的痕迹，但同时也表现出了浓厚的地方特色。

推 波 助 澜

随着屈家岭文化的传入，中原地区的史前文化与社会发生了一定程度的变化。仰韶文化晚期的后期，中原地区进入了变革时期，这一过程一直持续到庙底沟二期文化阶段。

这些现象可能与当时的文化与社会变迁有关。仰韶文化晚期是中原史前社会复杂化发展的关键时期，此前统一的文化格局被打破，原来几乎涵盖整个中原地区的庙底沟文化演变为面貌不同的若干文化、类型。就区域特征而言，关中、豫西、晋南地区仍是仰韶晚期文化的中心区域，文化面貌基本一致，而豫中地区则形成了富有特色的秦王寨类型。物质文化的转变很可能意味着社会生活的变化。从聚落的微观层面看，无论是普通小村落还是大型聚落，大家庭或家族公社逐渐取代氏族公社而成为聚落生产与生活中的基本组成单位。这一现象虽还不十分普遍，但至少已成为一种发展趋势；特别是大河村等多见各自分立的房屋组与小型墓地相结合的情形，是此期新出现的现象，更清楚地说明了这一点。家庭组织的独立性也为该层面社会等级的分化奠定了基础，这种分化至少可以追溯到西坡仰韶中期墓地。而此时氏族公社日益成为结构松散的一种社群组织，在聚落生产与生活中退居次要地位。

究其原因，很可能像中、豫南地理位置居中，处于文化碰撞的最前沿，来自东方的大汶口文化、南方的屈家岭—石家河文化、本地的仰韶—龙山文化在此交流融合。在中原地区大变革时期，屈家岭文化起到了推波助澜的作用（图一一一）。

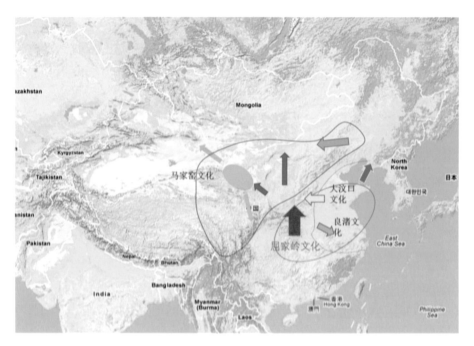

图　　一　距今五千年前后人群迁徙与文化传播示意

第八章

屈家岭：众城之邦的记忆

屈家岭文化作为长江中游同时期最为兴盛和强势的考古学文化，其分布纵跨湖北、河南、湖南三省。文化版图以两湖平原为中心，东起大别山南麓，西至鄂西三峡，北达南阳盆地，南抵洞庭湖沿岸。而且，它们并不故步自封。相关研究亦显示，随着庙底沟类型、红山文化和凌家滩遗存的衰落，史前文明出现了大范围的动荡整合。此时的屈家岭文化以强大的扩张力和先进性，与周邻考古学文化发生了密切的文明交往和互动。不仅西入关中，北进河洛，并且挺进淮河，为史前中国多元一体的伟大进程贡献了独特的江汉力量。

如前所述，在强势扩张的背后，是屈家岭文化对长江中游的长期经营和不断整合。在距今 5 100 年左右，屈家岭文化孕育而生，从大溪、油子岭文化人群手中开始接过对两湖平原的守护重任。它们以感怀家园的信念，披荆斩棘，主导完成了长江中游文化共同体的构建，实现了长江中游地区史前文化的空前统一和繁荣，开启了该地区早期文明的新历程。

考古研究显示，屈家岭文化时期，长江中游地区的文化结构发生了明显改变，出现了明显的分化和超聚落组织的整合，完成了从亲族文化区向历史文化区的历史性转变[1]。

这些变化的动因，是灌溉农业的接续发展。从彭头山文化开始，两湖的先民们经过数千年的摸索和尝试，从最初的环壕聚落，到零星城址的出现，再到屈家岭文化城址群的拔地而起，不断突破关于城壕聚落的规划和营建的技术难点。

关于这些城址的出现，或认为是为了抵御周边部落或部落集团对财富的掠夺而修建[2]，或认为是维护文化统一体的完整及特权阶层利益的一种防御行为[3]，或认为是防御洪水的需要[4]。新近一项关于江汉平原史前城址的航测和模型分析显示，这些城址的垣墙和壕沟大多承担着水利工程的职能[5]，不仅"防洪"，而且"抗旱"，是屈家岭先民实现对水资源的利用和管理的关键手段。

诚然，屈家岭文化古城的功能并非单一，有可能集多种功能于一体，而且不同区位的城址可能侧重于不同的功能。尽管学界对于屈家岭文化城址的功能有不同角度的理解，但毋庸置疑，足够的人口数量是保证城壕顺利修建和维持的必要条件。换言之，只有出现了足够多的人口，配合强大的组织能力，才有可能规划和营建城址。

随着城址网络的营建，灌溉农业得到了高效发展，农业生产得到了保障，人口规模得以不断增长。生产领域的变化导致社会组织的分化，权力和信仰控制更为突出，聚落和墓葬显示的社会成员的分化开始出现。

在大型都邑性城址，城乡分化、生产分工愈发明显，出现了专门从事某种生产的聚落，加强了聚落之间的依赖和交换，形成了更大的社会组织。分工和生产发展所引起的政治经济交往已经发生在聚落之间，范围和规模在增大，增强了屈家岭社会发展的力量。屈家岭社会在交往中增强了自身活力，加速了社会的再次发展。

屈家岭文化的古城网络体系也反映了当时可能存在的政治实体，也意味着凝聚这样的大型网络体系一定要有共同的社会信仰。一方面，聚落考古的研究表明，石家河、城河的功能划分并非偶然，从澧县城头山、江陵阴湘城、石首走马岭、孝感叶家庙等屈家岭文化的其他古城中都能够看到诸多的相似性。另一方面，出土的筒形器、四耳器、立缸、扣碗（豆）等与仪式性活动有关的特殊遗存，仅存在于大型或区域中心聚落，而且具有普遍性和相似性，说明屈家岭文化先民有着共同的信仰和祭祀传统。或者，屈家岭文化的上层精英们，寄希望于相近的古城规划营建，相通的祭祀垄断，实现护邦自佑的政治理想，从而有效维系屈家岭文化社会的统一性。

屈家岭文化以其鲜明的自身特征，兼容外向的文化品性，在区域间互动中扮演了重要的角色，极大地参与了史前中国的形成过程，它们一直引发着考古学家们的不断思考。它们或被视为城邦林立的古国，或被认为与酋邦社会存在诸多相似特征，或被看作历史文献记载的三苗之邦……

出现的众多城址是观察屈家岭文化社会发展状况的关键资料。通过系统的考古工作可知，大多数屈家岭文化城址周边聚集着多座聚落，构成了规模不等的聚落群。在聚落群的外围，还有一些环壕聚落和普通聚落。这样，屈家岭文化的区域社会在地理上可划分为城址—附属聚落—外围区三层结构。其中，附属聚落与城址之间，无论在空间上，还是在功能规划上，都有着不可分割的联系。在以城址为核心的聚落群之"外围区"，那些环壕聚落或普通聚落是否"统辖"于相近的城址，仍然需要更加丰富的证据，但它们在规模、功能区划、人口数量上都无法与城址及其附属聚落群相比却是不争的事实。此种差异，其实可以看作"城乡二元结构"的社会景观。

这种以城址为中心的聚落特征，正是屈家岭文化区域社会单元的真实写照，可谓"城邦林立"。不同城址之间，都有各自所属的"领土"和管控范围，也有附属聚落和外围区，城内的功能区划、生产设施独立且完备。所以，城址及其所属的聚落其实就是独立的区域社会，相当于学界定义的城邦[6]。而且，这些大大小小的城址及其聚落群，很可能是为对抗自然灾害而凝聚在一起的社会组织。此外，虽然目前缺乏直接证据，但各城址之间维持着共同的信仰、生计手段和规划理念，意味着它们之间存在军事和政治层面的沟通联合，甚至存在或松散或紧密的政治联盟的可能。也正是拥有跨城址的广泛联合，才使得屈家岭文化发展成为具有统一性和扩张性的强势文化。

种种迹象表明，屈家岭文化出现了明显的社会分层，各城址之间在共同的信仰体系下维持着必要的独立、竞争关系。这样独立又联合的社会形态，与良渚文化的地域国家模式明显不同[7]，也与龙山文化以商品经济纽带形成的城邦有所区别[8]，构成了五千年前屈家岭文化"城邦"世界的鲜明特征。

除此之外，屈家岭文化留给我们的，还有它们在古城网络体系下，众志成城，万众一心，对抗自然灾害的决心和信念。

大约距今 4 500 年，屈家岭文化演变为石家河文化，它们所创造的灿烂文明被石家河文化继承和不断改造，直到毁灭于龙山时代末期江汉与中原的文明冲突之中。

值得注意的是，石家河文化时期，尽管此时屈家岭人营建的古城网络仍在使用，但没有得到更大的发展，长江中游史前城址群仅仅增加了张西湾一处城址，而且信仰控制体系发生了不小的变化。石家河古城西壕外的印信台遗址是石家河文化时期规模最大的仪式性活动场所。宏大方正的人工高台、接连震撼的套缸、密集分布的扣碗瓮棺，展示出盛大集中的祭祀场景。然而，在石家河以外的其他古城，曾在屈家岭文化时期使用扣豆的城河遗址则开始全部采用扣碗形式，说明其区域个性已然抹去，汉东地区的用器理念在汉西地区得到推广和普及。与之相关，以套缸为物质遗存的仪式性活动仅见于石家河古城，其他核心城址和中心聚落目前尚未看到使用迹象，或许暗示之前屈家岭文化构建的信仰控制体系已由统一、多元完全转向集中。联系到石家河文化时期，石家河遗址群及所在大洪山南麓的聚落规模和数量剧烈增加，进一步发展成为超级聚落，说明与信仰体系关联密切的人口也出现了聚合现象。这些现象或许暗示了长江中游从"众城之邦"到"区域王国"的转变。

注 释

第一章　何处屈家岭

[1] 王劲：《纪念屈家岭文化发现六十周年学术研讨会上的发言》，湖北省文物考古研究所资料。

[2] 王劲：《劲草集》，湖北省文物考古研究所资料，第 10 页。

[3] 王劲、吴瑞生、谭维四：《湖北京山县石龙过江水库工程中发现的新石器时代遗址简报》，《文物参考资料》1955 年 4 期。

[4] 夏鼐：《夏鼐日记》（卷五），华东师范大学出版社，2011 年。

[5] 王劲：《忆江汉地区考古工作的开拓者张云鹏先生》，《江汉考古》2008 年 2 期。

[6] 朱乃诚：《江汉地区新石器时代考古研究的奠基之作——读〈京山屈家岭〉》，《南方文物》2014 年 3 期。

[7] 湖北省文物考古研究所、中国社会科学院考古研究所：《湖北石家河罗家柏岭新石器时代遗址》，《考古学报》1994 年 2 期。

[8] 石家河考古队：《石家河遗址群调查报告》，《南方民族考古》（第五辑），1992 年。

[9] 夏鼐：《关于考古学上文化定名的问题》，《考古》1959 年 4 期。

[10] 夏鼐：《长江流域考古问题——1959 年 12 月 26 日在长办文物考古队队长会议上的发言》，《考古》1960 年 2 期。

[11] 中国科学院考古研究所：《京山屈家岭》，科学出版社，1965 年。

[12] 郭立新：《探索与论争：长江中游新石器时代晚期的文化谱系》，《江汉考古》2004 年 3 期。

[13] 向绪成：《屈家岭遗址下层及同类遗存文化性质讨论》，《考古》1985 年 7 期。

[14] 湖北省文物考古研究所、中国社会科学院考古研究所：《湖北石家河罗家柏岭新石器时代遗址》，《考古学报》1994 年 2 期。

［15］ 中国社会科学院考古研究所：《青龙泉与大寺》，科学出版社，1991年；武汉大学考古系、湖北省文物考古研究所：《湖北郧县青龙泉遗址2008年度发掘简报》，《江汉考古》2010年1期。

［16］ 长办考古队河南分队：《淅川下集新石器时代遗址发掘报告》，《中原文物》1989年1期；郑州大学历史学院考古系、河南省文物管理局南水北调文物保护办公室：《河南淅川县沟湾遗址仰韶文化遗存发掘简报》，《考古》2010年6期；郑州大学历史学院考古系、河南省文物局南水北调文物保护管理办公室：《河南淅川县沟湾遗址屈家岭文化遗存发掘简报》，《考古》2018年10期；郑州大学历史学院考古系、河南省文物局南水北调文物保护管理办公室：《河南淅川县沟湾遗址石家河文化遗存发掘简报》，《四川文物》2018年3期；郑州大学历史学院、河南省文物局南水北调文物保护办公室：《河南淅川沟湾遗址王湾三期文化遗存发掘简报》，《华夏考古》2017年3期；郑州大学历史学院等：《河南淅川县沟湾遗址仰韶文化墓葬发掘简报》，《考古》2023年2期。

［17］ 长江流域规划办公室考古队河南分队：《河南淅川黄楝树遗址发掘报告》，《华夏考古》1990年3期；梁法伟：《河南淅川龙山岗发掘取得重要收获》，《中国文物报》2009年10月23日；梁法伟：《河南淅川龙山岗仰韶时代晚期城址发掘收获》，《中国文物报》2013年3月29日；河南省文物考古研究院、河南省文物局南水北调文物保护办公室：《河南淅川县龙山岗遗址2008—2009年发掘简报》，《华夏考古》2014年4期；河南省文物考古研究院、河南省文物局南水北调文物保护办公室：《河南淅川龙山岗西周遗存发掘简报》，《中国国家博物馆馆刊》2015年7期。

［18］ 湖南省文物考古研究所：《澧县城头山——新石器时代遗址发掘报告》，文物出版社，2007年；湖南省文物考古研究所：《湖南澧县城头山遗址城墙与护城河2011—2012年的发掘》，《考古》2015年3期。

［19］ 荆州市博物馆、石首市博物馆、武汉大学历史系考古专业：《湖北石首市走马岭新石器时代遗址发掘简报》，《考古》1998年4期；武汉大学历史学院考古系、石首市走马岭考古遗址公园管理所：《湖北石首走马岭新石器时代城址的发掘》，《考古》2018年9期。

［20］ 孟华平：《长江中游史前文化结构》，长江文艺出版社，1997年，第121页。

［21］ 陈文：《屈家岭文化的界定和分期》，《考古》2001年4期。

［22］ 张绪球：《屈家岭文化》，文物出版社，2004年，第93页。

［23］ 郭伟民：《新石器时代澧阳平原与汉东地区的文化和社会》，文物出版社，2010年，第31页。

［24］ 张绪球：《屈家岭文化》，文物出版社，2004年，第47页。

［25］ 湖北省文物考古研究所、北京大学考古学系、湖北省荆州博物馆：《邓家湾》，文

物出版社，2003年。

[26] 湖北省文物考古研究所、天门市博物馆：《湖北天门笑城城址发掘报告》，《考古学报》2007年4期。

[27] 李桃元：《应城门板湾遗址大型房屋建筑》，《江汉考古》2000年1期；王红星：《从门板湾城壕聚落看长江中游地区城壕聚落的起源与功能》，《考古》2003年9期。

[28] 中国社会科学院考古研究所：《青龙泉与大寺》，科学出版社，1991年；武汉大学考古系、湖北省文物考古研究所：《湖北郧县青龙泉遗址2008年度发掘简报》，《江汉考古》2010年1期。

[29] 长办考古队河南分队：《淅川下集新石器时代遗址发掘报告》，《中原文物》1989年1期；郑州大学历史学院考古系、河南省文物管理局南水北调文物保护办公室：《河南淅川县沟湾遗址仰韶文化遗存发掘简报》，《考古》2010年6期；郑州大学历史学院考古系、河南省文物局南水北调文物保护管理办公室：《河南淅川县沟湾遗址屈家岭文化遗存发掘简报》，《考古》2018年10期；郑州大学历史学院考古系、河南省文物局南水北调文物保护管理办公室：《河南淅川县沟湾遗址石家河文化遗存发掘简报》，《四川文物》2018年3期；郑州大学历史学院、河南省文物局南水北调文物保护办公室：《河南淅川沟湾遗址王湾三期文化遗存发掘简报》，《华夏考古》2017年3期；郑州大学历史学院等：《河南淅川县沟湾遗址仰韶文化墓葬发掘简报》，《考古》2023年2期。

[30] 北京大学考古学系、南阳地区文物研究所：《河南邓州八里岗遗址的调查与试掘》，《华夏考古》1994年2期；北京大学考古学系、南阳地区文物研究所：《河南邓州市八里岗遗址1992年的发掘与收获》，《考古》1992年12期；北京大学考古实习队、河南省南阳市文物研究所：《河南邓州八里岗遗址发掘简报》，《文物》1998年9期；北京大学考古文博学院、南阳地区文物研究所：《河南邓州八里岗遗址1998年度发掘简报》，《文物》2000年1期；张弛：《邓州市八里岗新石器时代遗址》，《中国考古学年鉴（2008）》，文物出版社，2009年，第268页。

[31] 长江流域规划办公室考古队河南分队：《河南淅川黄楝树遗址发掘报告》，《华夏考古》1990年3期；梁法伟：《河南淅川龙山岗发掘取得重要收获》，《中国文物报》2009年10月23日；梁法伟：《河南淅川龙山岗仰韶时代晚期城址发掘收获》，《中国文物报》2013年3月29日；河南省文物考古研究院、河南省文物局南水北调文物保护办公室：《河南淅川县龙山岗遗址2008—2009年发掘简报》，《华夏考古》2014年4期；河南省文物考古研究院、河南省文物局南水北调文物保护办公室：《河南淅川龙山岗西周遗存发掘简报》，《中国国家博物馆馆刊》2015年7期。

［32］ 笪浩波、瞿磊：《湖北保康穆林头遗址发现屈家岭文化高等级墓葬》，《中国文物报》2018 年 11 月 2 日；湖北省文物考古研究所、保康县博物馆：《湖北保康穆林头遗址 2017 年第一次发掘》，《江汉考古》2019 年 1 期。

［33］ 胡清波：《襄阳发现一座新石器时代城址》，《中国文物报》2018 年 2 月 9 日；向其芳：《襄阳凤凰咀城址的确认与意义》，《中国文物报》2019 年 9 月 20 日；李宗洋、伍腾飞、田辉：《湖北襄阳凤凰咀新石器时代遗址》，《大众考古》2021 年 1 期。

［34］ 武汉大学历史系考古教研室、襄樊市博物馆、宜城县博物馆：《湖北宜城曹家楼新石器时代遗址》，《考古学报》1988 年 1 期。

［35］ 湖北省文物考古研究所、孝感市博物馆、孝感市孝南区博物馆：《孝感叶家庙》，科学出版社，2016 年。

［36］ 湖北省文物考古研究所、随州市博物馆：《随州金鸡岭》，科学出版社，2011 年。

［37］ 中国社会科学院考古研究所：《枝江关庙山》，文物出版社，2017 年。

［38］ 湖北省宜昌地区博物馆、四川大学历史系：《宜昌中堡岛新石器时代遗址》，《考古学报》1987 年 1 期；国家文物局三峡考古队：《朝天嘴与中堡岛》，文物出版社，2001 年，第 87 页。

［39］ 中国社会科学院考古研究所、湖北省文物考古研究所、荆门市博物馆、沙洋县文物管理所：《湖北沙洋县城河新石器时代城址发掘简报》，《考古》2018 年 9 期；中国社会科学院考古研究所、湖北省文物考古研究所、荆门市博物馆、沙洋县文物管理所：《湖北沙洋县城河新石器时代遗址王家塝墓地》，《考古》2019 年 7 期；中国社会科学院考古研究所、湖北省文物考古研究所、荆门市博物馆、沙洋县文物管理所：《湖北沙洋县城河遗址王家塝墓地 2017—2018 年发掘简报》，《考古》2020 年 6 期。

［40］ 江陵县文物局：《江陵阴湘城的调查与探索》，《江汉考古》1986 年 1 期；荆州博物馆：《湖北荆州市阴湘城遗址 1995 年发掘简报》，《考古》1998 年 1 期；荆州博物馆、福冈教育委员会：《湖北荆州市阴湘城遗址东城墙发掘简报》，《考古》1997 年 5 期。

［41］ 荆州市博物馆、石首市博物馆、武汉大学历史系考古专业：《湖北石首市走马岭新石器时代遗址发掘简报》，《考古》1998 年 4 期；武汉大学历史学院考古系、石首市走马岭考古遗址公园管理所：《湖北石首走马岭新石器时代城址的发掘》，《考古》2018 年 9 期。

［42］ 岳阳市文物考古研究所：《湖南华容七星墩新石器时代遗址试掘》，《湖南考古辑刊》（第 10 集），科学出版社，2015 年，第 1～30 页；湖南省文物考古研究所：《湖南华容县七星墩遗址 2018 年调查勘探和发掘简报》，《考古》2021 年 2 期。

［43］ 湖南省文物考古研究所：《澧县城头山——新石器时代遗址发掘报告》，文物出

版社，2007 年；湖南省文物考古研究所：《湖南澧县城头山遗址城墙与护城河2011—2012 年的发掘》，《考古》2015 年 3 期。

［44］湖南省文物考古研究所：《澧县鸡叫城古城址试掘简报》，《文物》2002 年 5 期；郭伟民：《澧县鸡叫城新石器时代聚落群》，《中国考古学年鉴（2006）》，文物出版社，2007 年，第 248 页；李政：《湖南鸡叫城遗址考古发现距今 4700 年保存最完整的大型木构建筑基础》，《中国文物报》2021 年 10 月 26 日。

［45］湖南省文物考古研究所、怀化地区文物工作队：《怀化高坎垅新石器时代遗址》，《考古学报》1992 年 3 期。

［46］严文明：《走向 21 世纪的考古学》，三秦出版社，1997 年，第 92 页。

第二章　裂变：前屈家岭时代的长江中游

［1］孟华平：《长江中游史前文化结构》，长江文艺出版社，1997 年，第 28 页；郭伟民：《城头山遗址与洞庭湖区新石器时代文化》，岳麓书社，2012 年，第331～359 页。

［2］王良智、曲新楠：《彭头山文化分期与类型》，《江汉考古》2018 年 3 期。

［3］武汉大学考古学系、湖北省文物局南水北调办公室、郧县博物馆：《湖北郧县庹家洲遗址老官台文化遗存》，《考古》2016 年 1 期。

［4］中国科学院《中国自然地理》编辑委员会：《中国自然地理·历史自然地理》，科学出版社，1982 年。

［5］尹检顺：《汤家岗文化初论》，《南方文物》2007 年 2 期。

［6］张梅坤：《桐乡罗家角遗址考古略谈》，《嘉兴师专学报》1981 年 2 期。

［7］郭伟民：《新石器时代澧阳平原与汉东地区文化和社会》，文物出版社，2010 年，第 68 页。

［8］张绪球：《长江中游新石器时代文化概论》，湖北科学技术出版社，1992 年，第 164 页。

［9］郭伟民：《新石器时代澧阳平原与汉东地区文化和社会》，文物出版社，2010 年，第 69 页。

［10］湖北省文物局、荆门市博物馆：《湖北省沙洋县叶家湾遗址考古发掘简报》，《湖北考古报告集（二）》（《江汉考古》增刊），2018 年。

［11］湖北省荆州博物馆、北京大学考古学系、湖北省文物考古研究所 石家河考古队：《谭家岭》，文物出版社，2011 年。

［12］何介均：《长江中游新石器时代文化》，湖北教育出版社，2004 年，第 340 页。

［13］何强、赵宾福：《雕龙碑遗址第三期遗存的性质、年代与渊源——兼论"雕龙碑三期文化"》，《江汉考古》2014 年 6 期。

［14］湖南省文物考古研究所、怀化地区文物工作队：《怀化高坎垅新石器时代遗址》，《考古学报》1992 年 3 期。

［15］ 湖北省文物考古研究所：《宜昌杨家湾》，科学出版社，2013 年。

［16］ 中国社会科学院考古研究所：《枝江关庙山》，文物出版社，2017 年。

［17］ 单思伟：《屈家岭下层文化的界定、时空结构及相关问题》，《四川文物》2021 年
4 期。

［18］ 张弛：《长江中下游地区史前聚落研究》，文物出版社，2003 年，第 15 页。

［19］ 刘莉、陈星灿：《中国考古学》，生活·读书·新知三联书店，2017 年，第
164 页。

［20］ 刘莉、李炅娥、蒋乐平、张居中、蓝万里：《关于中国稻作起源证据的讨论与商
榷》，《南方文物》2009 年 3 期。

［21］ 高玉、邓振华：《炭化植物遗存的提取与数据分析方法迁徙——以八里岗遗址
2007 年浮选结果为例》，《南方文物》2016 年 2 期。

［22］ 湖南省文物考古研究所：《彭头山与八十垱》，科学出版社，2006 年。

［23］ 郭立新、郭静云：《早期稻田遗存的类型及其社会相关性》，《中国农史》2016 年
6 期。

［24］ 湖北省文物考古研究所、湖北大学历史文化学院、松滋市博物馆：《湖北松滋关
洲遗址城背溪文化遗存发掘简报》，《江汉考古》2021 年 5 期。

［25］ 湖南省文物考古研究所：《湖南临澧县胡家屋场新石器时代遗址》，《考古学报》
1993 年 2 期；尹检顺：《汤家岗文化初论》，《南方文物》2007 年 2 期。

［26］ 湖南省文物考古研究所：《澧县城头山——新石器时代遗址发掘报告》，文物出版
社，2007 年。

［27］ 湖南省文物考古研究所：《澧县城头山——新石器时代遗址发掘报告》，文物出版
社，2007 年。

［28］ 郭立新、郭静云：《早期稻田遗存的类型及其社会相关性》，《中国农史》2016 年
6 期。

［29］ 高玉、邓振华：《炭化植物遗存的提取与数据分析方法迁徙——以八里岗遗址
2007 年浮选结果为例》，《南方文物》2016 年 2 期。

［30］ 许宏：《先秦城邑考古》，金城出版社、西苑出版社，2017 年，第 42 页。

［31］ 裴安平：《澧阳平原史前聚落形态的特点与演变》，《考古》2004 年 11 期。

［32］ 刘莉、陈星灿：《中国考古学》，生活·读书·新知三联书店，2017 年。

［33］ 湖南省文物考古研究所：《澧县城头山——新石器时代遗址发掘报告》，文物出版
社，2007 年。

［34］ 张绪球：《汉江东部地区新石器时代文化初论》，《考古与文物》1987 年 4 期。

［35］ 中国社会科学院考古研究所、湖北省文物考古研究所：《江汉平原及其周边地区
史前聚落调查》，《江汉考古》2019 年 5 期。

［36］ 吴小红等：《中国南方早期陶器的年代以及新石器时代标志的问题》，《考古学研

究》（九），科学出版社，2012 年。

[37] 郭伟民：《湖南史前时代的考古学观察》，《船山学刊》2022 年 1 期。

[38] 张弛：《中国南方的早期陶器》，《古代文明》（第 5 卷），文物出版社，2006 年。

[39] 李文杰：《城背溪文化的制陶工艺》，《中国历史博物馆馆刊》1993 年 1 期。

[40] 郭伟民：《城头山遗址与洞庭湖区新石器时代文化》，岳麓书社，2012 年，第 187～190 页。

[41] 李文杰、黄素英：《大溪文化的制陶工艺》，载李文杰：《中国古代制陶工艺研究》，科学出版社，1996 年。

[42] 李文杰：《关于快轮制陶的新概念、新判断和新理论》，《文物春秋》2016 年 4 期；李文杰：《中国古代的轮轴机械制陶》，《文物春秋》2007 年 6 期。

[43] 彭小军：《史前陶器成型技术类型的分布和演变》，《江汉考古》2021 年 1 期。

[44] 丁汇宇：《略论大溪文化墓葬反映的社会形态》，《三峡论坛》2014 年 1 期。

[45] 湖北省文物考古研究所、荆门市文物考古研究所：《湖北荆门龙王山新石器时代墓地发掘简报》，《江汉考古》2008 年 4 期。

[46] 屈家岭考古发掘队：《屈家岭遗址第三次发掘》，《考古学报》1992 年 1 期。

[47] 中国社会科学院考古研究所：《中国考古学·新石器时代卷》，中国社会科学出版社，2010 年，第 448 页。

[48] 湖南省文物考古研究所：《澧县城头山》，文物出版社，2007 年，第 257～263 页。

[49] 西安半坡博物馆、陕西省考古研究所、临潼县博物馆：《姜寨——新石器时代遗址发掘报告》，文物出版社，1988 年，第 278 页。

[50] 湖南省文物考古研究所：《澧县城头山》，文物出版社，2007 年，第 257～263 页。

[51] 郭伟民：《城头山遗址与洞庭湖区新石器时代文化》，岳麓书社，2012 年，第 143～144 页。

[52] 曲新楠：《洞庭湖以西和汉东地区新石器时代祭祀遗存研究》，山东大学硕士学位论文，2013 年。

[53] 荆州地区博物馆：《监利县柳关和福田新石器时代遗址试掘简报》，《江汉考古》1984 年 2 期。

[54] 湖北省文物考古研究所：《湖北江陵朱家台遗址发掘简报》，《江汉考古》1991 年 3 期。

[55] 湖北省文物考古研究所、荆门市博物馆、屈家岭遗址管理处：《湖北荆门市屈家岭遗址 2015~2017 年发掘简报》，《考古》2019 年 3 期。

[56] 蒋乐平：《错综复杂的东南新石器时代早期文化——也谈浙江新发现的基础较早期新石器时代遗址》，《中国文物报》2006 年 4 月 28 日。

[57] 焦天龙：《论跨湖桥文化的来源》，《浙江省文物考古研究所学刊》第八辑，科学出版社，2006 年，第 372～378 页。

［58］贺刚、陈利文：《高庙文化及其对外传播与影响》，《南方文物》2007 年 2 期。

［59］陕西省考古研究所：《龙岗寺》，文物出版社，1990 年，第 24～25 页。

［60］江西省文物考古研究所等：《江西新余市拾年山遗址》，《考古学报》1991 年 3 期。

［61］罗家角考古队：《桐乡罗家角遗址发掘报告》，《浙江省文物考古所学刊》，文物出版社，1981 年，第 1～42 页。

［62］湖北省文物考古研究所：《秭归柳林溪》，科学出版社，2003 年，第 109～110 页。

［63］王仁湘：《大仰韶——黄土高原的文化根脉》，巴蜀书社，2021 年。

［64］孙祖初：《秦王寨文化研究》，《华夏考古》1997 年 3 期。

［65］荆州博物馆、湖北省文物考古研究所、北京大学考古文博学院：《谭家岭》，文物出版社，2011 年，第 89 页。

［66］夏笑容：《朱家台文化研究》，武汉大学硕士学位论文，2011 年。

［67］单思伟：《屈家岭文化研究》，武汉大学博士学位论文，2018 年，第 204 页。

［68］湖北省黄冈地区博物馆：《湖北螺蛳山遗址墓葬》，《考古学报》1987 年 3 期。

［69］何介钧：《长江中游新石器时代文化》，湖北教育出版社，2004 年，第 340 页。

［70］郭伟民：《城头山遗址与洞庭湖区新石器时代文化》，岳麓书社，2012 年，第 277～284 页。

第三章　界标：屈家岭文化古城网络的形成

［1］熊卜发：《鄂东北地区新石器时代文化试探》，《鄂东北地区文物考古》，湖北科学技术出版社，1995 年，第 77 页。

［2］荆门市博物馆：《湖北荆门市新石器时代调查》，《考古》1992 年 6 期。

［3］郭伟民：《城头山遗址与洞庭湖区新石器时代文化》，岳麓书社，2012 年。

［4］张绪球：《长江中游新石器时代文化概论》，湖北科学技术出版社，1992 年，第 180 页。

［5］许宏：《先秦城邑考古》，金城出版社、西苑出版社，2017 年。

［6］许宏：《先秦城邑考古》，金城出版社、西苑出版社，2017 年。

［7］张弛：《屈家岭——石家河文化的聚落与社会》，《考古学研究》（十），科学出版社，2012 年，第 330 页。

［8］湖南省文物考古研究所：《澧县城头山——新石器时代遗址发掘报告》，文物出版社，2007 年。

［9］在两湖地，院实为境。湖北省荆门市博物馆：《荆门马家院屈家岭文化城址调查》，《文物》1997 年 7 期。

［10］荆门市文物考古研究所：《湖北荆门市后港镇城河城址调查报告》，《江汉考古》2008 年 2 期。

［11］郭伟民：《新石器时代澧阳平原与汉东地区的文化和社会》，文物出版社，2010 年，第 299～306 页。

［12］湖南省文物考古研究所：《湖南澧县城头山遗址城墙与护城河 2011—2012 年的发掘》，《考古》2015 年 3 期。

［13］湖北省文物考古研究所：《石家河遗址 2015 年发掘的主要收获》，《江汉考古》2016 年 1 期。

［14］湖北省文物考古研究所、北京大学考古学系、湖北省荆州博物馆：《邓家湾》，文物出版社，2003 年，第 14～17 页。

［15］武汉大学历史学院考古系、石首市走马岭考古遗址公园管理所：《湖北石首市走马岭新石器时代城址的发掘》，《考古》2018 年 9 期。

［16］贾汉清：《从环壕聚落到古城聚落——阴湘城遗址》，《荆州重要考古发现》，文物出版社，2009 年，第 38～44 页。

［17］郭伟民：《新石器时代澧阳平原与汉东地区的文化和社会》，文物出版社，2010 年，第 289 页。

［18］湖北省文物考古研究所、中央民族大学民族学与社会学学院、武汉大学历史学院：《大洪山南麓陶家湖—笑城区域系统调查》，《江汉考古》2017 年 5 期。

［19］李桃元、夏丰：《湖北应城陶家湖古城址调查》，《文物》2001 年 4 期。

［20］湖北省文物考古研究所、孝感市博物馆、孝感市孝南区博物馆：《孝感叶家庙》，科学出版社，2016 年，第 14～15 页。

［21］王红星：《从门板湾城壕聚落看长江中游地区城壕聚落的起源与功用》，《考古》2003 年 9 期。

［22］中国社会科学院考古研究所、湖北省文物考古研究所、荆门市博物馆、沙洋县文物管理所：《湖北沙洋县城河新石器时代城址发掘简报》，《考古》2018 年 9 期。

［23］湖南省文物考古研究所：《湖南华容县七星墩遗址 2018 年调查、勘探和发掘简报》，《考古》2021 年 2 期。

［24］湖北省文物考古研究所、天门市博物馆：《湖北天门笑城城址发掘报告》，《考古学报》2007 年 4 期。

［25］贾汉清：《湖北公安鸡鸣城遗址的调查》，《文物》1998 年 6 期。

［26］荆州市文物考古研究所、公安县博物馆、石首市博物馆：《湖北公安、石首三座古城勘查报告》，《古代文明》（第 4 卷），文物出版社，2005 年。

［27］刘辉：《长江中游史前城址的聚落结构与社会形态》，《江汉考古》2017 年 5 期。

［28］中国科学院《中国自然地理》编辑委员会：《中国自然地理·历史自然地理》，科学出版社，1982 年，第 88 页。

［29］刘辉：《长江中游史前城址的聚落结构与社会形态》，《江汉考古》2017 年 5 期。

［30］云梦县博物馆：《湖北云梦新石器时代遗址调查简报》，《考古》1987 年 2 期。

［31］陆大道：《区位论及区域研究方法》，科学出版社，1988 年。

［32］湖北省文物考古研究所：《大洪山南麓史前聚落调查——以石家河为中心》，《江

汉考古》2009 年 1 期。

［33］湖北省文物考古研究所、中央民族大学民族学与社会学学院、武汉大学历史学院：《大洪山南麓陶家湖—笑城区域系统调查》，《江汉考古》2017 年 5 期。

［34］中村慎一：《石家河遗迹をめぐゐ诸问题》，《日本中国考古学会会报》第 7 号，1997 年，第 42 页。

［35］湖北省文物考古研究所：《石家河遗址 2015 年发掘的主要收获》，《江汉考古》2016 年 1 期。

［36］严文明：《中国环壕聚落的演变》，《国学研究》第 2 卷，北京大学出版社，1994 年，第 483 ～ 492 页。

［37］湖北省文物考古研究所、北京大学考古文博学院、天门市博物馆：《湖北天门市石家河遗址 2014—2016 年的勘探与发掘》，《考古》2017 年 7 期。

［38］李桃元、夏丰：《湖北应城陶家湖古城址调查》，《文物》2001 年 4 期。

［39］湖北省文物考古研究所、中央民族大学民族学与社会学学院、武汉大学历史学院：《大洪山南麓陶家湖—笑城区域系统调查》，《江汉考古》2017 年 5 期。

［40］湖北省文物考古研究所、荆门市博物馆、屈家岭遗址管理处：《湖北荆门市屈家岭遗址 2015—2017 年发掘简报》，《考古》2019 年 3 期。

［41］湖北省荆门市博物馆：《荆门马家院屈家岭文化城址调查》，《文物》1997 年 7 期。

［42］王红星：《从门板湾城壕聚落看长江中游地区城壕聚落的起源与功用》，《考古》2003 年 9 期。

［43］湖北省文物考古研究所、孝感市博物馆、安陆市博物馆：《湖北安陆王古溜城址 2015 年调查简报》，《湖北史前城址研究》，科学出版社，2015 年，第 366 页。

［44］湖南省文物考古研究所：《湖南华容县七星墩遗址 2018 年调查、勘探和发掘简报》，《考古》2021 年 2 期。

［45］湖北省文物考古研究所、天门市博物馆：《湖北天门笑城城址发掘报告》，《考古学报》2007 年 4 期。

［46］李冬冬、张子森、向其芳：《区域系统调查视野下的江汉平原地区陶家湖—笑城城址聚落形态观察》，《中央民族大学学报（哲学社会科学版）》2018 年 6 期。

［47］武汉大学历史学院考古系、石首市走马岭考古遗址公园管理所：《湖北石首市走马岭新石器时代城址的发掘》，《考古》2018 年 9 期。

［48］武汉大学历史学院、石首市博物馆：《湖北石首走马岭遗址周边史前遗址调查简报》，《江汉考古》2017 年 1 期。

［49］荆州博物馆、福冈教育委员会：《湖北荆州市阴湘城遗址东城墙发掘简报》，《考古》1997 年 5 期。

［50］湖南省文物考古研究所：《湖南南县卢保山遗址发现湖南第四座史前城址》，《中

国文物报》2020 年 3 月 6 日。

［51］ 湖北省文物考古研究所、孝感市博物馆、孝感市孝南区博物馆：《孝感叶家庙》，科学出版社，2016 年，第 15 页。

［52］ 向其芳：《襄阳凤凰咀城址的确认与意义》，《中国文物报》2019 年 9 月 20 日。

［53］ 湖南省文物考古研究所：《湖南华容县七星墩遗址 2018 年调查、勘探和发掘简报》，《考古》2021 年 2 期。

［54］ 赵亚锋：《浅析城头山遗址屈家岭文化时期城墙与护城河的修建》，《湖南考古辑刊》（第 11 集），科学出版社，2015 年。

［55］ 湖南省文物考古研究所：《湖南澧县城头山遗址城墙与护城河 2011—2012 年的发掘》，《考古》2015 年 3 期。

［56］ 湖南省文物考古研究所：《湖南华容县七星墩遗址 2018 年调查、勘探和发掘简报》，《考古》2021 年 2 期。

［57］ 湖南省文物考古研究所：《湖南澧县城头山遗址城墙与护城河 2011—2012 年的发掘》，《考古》2015 年 3 期。

［58］ 湖北省文物考古研究所、北京大学考古文博学院、天门市博物馆：《湖北天门市石家河遗址 2014—2016 年的勘探与发掘》，《考古》2017 年 7 期。

［59］ 湖北省文物考古研究所、北京大学考古文博学院、天门市博物馆：《湖北天门市石家河古城三房湾遗址 2016 年发掘简报》，《考古》2018 年 9 期。

［60］ 湖北省文物考古研究所、孝感市博物馆、孝感市孝南区博物馆：《孝感叶家庙》，科学出版社，2016 年，第 44～45 页。

［61］ 武汉大学历史学院考古系、石首市走马岭考古遗址公园管理所：《湖北石首市走马岭新石器时代城址的发掘》，《考古》2018 年 9 期。

［62］ 严文明：《邓家湾考古的收获（代序）》，湖北省文物考古研究所、北京大学考古学系、湖北省荆州博物馆：《邓家湾》，文物出版社，2003 年。

［63］ 张绪球：《长江中游新石器时代文化概论》，湖北科学技术出版社，1992 年，第 229 页。

［64］ 郭立新：《解读邓家湾》，《江汉考古》2009 年 3 期。

［65］ 中国社会科学院考古研究所、湖北省文物考古研究所、荆州市博物馆、沙洋县文物管理所：《湖北沙洋县城河新石器时代城址发掘简报》，《考古》2018 年 9 期。

［66］ 张绪球：《屈家岭文化》，文物出版社，2004 年，第 213～215 页。

［67］ 湖南省文物考古研究所：《澧县城头山——新石器时代遗址发掘报告》，文物出版社，2007 年。

［68］ 国家文物局三峡考古队：《朝天嘴与中堡岛》，文物出版社，2010 年，第 185 页。

［69］ 刘辉：《试论随州金鸡岭一址新石器时代窑址群》，《江汉考古》2012 年 1 期。

［70］ 彭小军：《屈家岭文化扣碗和扣豆分析》，《中原文物》2022 年 2 期。

［71］ 杨权喜：《石家河古城探讨》，《中华文化论坛》1995 年 4 期。

［72］石家河考古队：《肖家屋脊》，文物出版社，1999 年，第 28 页；石家河考古队：《邓家湾》，文物出版社，2003 年，第 139 页。

［73］石家河考古队：《邓家湾》，文物出版社，2003 年，第 32 页。

［74］石家河考古队：《肖家屋脊》，文物出版社，1999 年，第 28 页。

［75］邵永海：《读古人书之韩非子》，北京大学出版社，2017 年。

［76］湖北省文物考古研究所：《三苗与南土》，（《江汉考古》增刊），2015 年；中国社会科学院考古研究所、湖北省文物考古研究所、荆门市博物馆、沙洋县文物管理所：《湖北沙洋县城河新石器时代城址发掘简报》，《考古》2018 年 9 期。

［77］陈星灿：《考古随笔》，文物出版社，2002 年，第 32～40 页。

［78］曹毅：《土家族民间文化散论》，中央民族大学出版社，2002 年，第 26～33 页。

［79］中国社会科学院考古研究所、湖北省文物考古研究所、荆门市博物馆、沙洋县文物管理所：《湖北沙洋县城河遗址王家榜墓地 2017—2018 年发掘简报》，《考古》2020 年 6 期。

［80］湖南省文物考古研究所：《澧县城头山》，文物出版社，2007 年。

［81］荆州市博物馆、石首市博物馆、武汉大学历史系考古专业：《湖北石首市走马岭新石器时代遗址发掘简报》，《考古》1998 年 4 期。

［82］荆州博物馆、公安县博物馆：《荆州公安鸡鸣城遗址考古勘探试掘简报》，《江汉考古》2017 年 2 期。

［83］荆州博物馆、福冈教育委员会：《湖北荆州市阴湘城遗址东城墙发掘简报》，《考古》1997 年 5 期。

［84］中国社会科学院考古研究所等：《湖北沙洋县城河新石器时代遗址王家榜墓地》，《考古》2019 年 7 期。

［85］石家河考古队：《肖家屋脊》，文物出版社，1999 年。

［86］湖北省文物考古研究所等：《孝感叶家庙》，科学出版社，2016 年。

［87］中国社会科学院考古研究所：《枝江关庙山》，文物出版社，2017 年。

［88］湖北省文物考古研究所：《武昌放鹰台》，文物出版社，2003 年。

［89］中国社会科学院考古研究所：《青龙泉与大寺》，科学出版社，1991 年。

［90］郑州大学历史学院考古系、河南省文物局南水北调文物保护管理办公室：《河南淅川县沟湾遗址屈家岭文化遗存发掘简报》，《考古》2018 年 10 期。

［91］北京大学考古文博学院、南阳地区文物研究所：《河南邓州八里岗遗址 1998 年度发掘简报》，《文物》2000 年 11 期。

［92］湖南省文物考古研究所、怀化地区文物工作队：《怀化高坎垄新石器时代遗址》，《考古学报》1992 年 3 期。

［93］湖北省文物考古研究所、保康县博物馆：《湖北保康穆林头遗址 2017 年第一次发掘》，《江汉考古》2019 年 1 期。

［94］ 湖北省京九铁路考古队、湖北省文物考古研究所：《武穴鼓山》，科学出版社，2001年。

［95］ 中国社会科学院考古研究所湖北工作队：《湖北黄梅陆墩新石器时代墓葬》，《考古》1991年6期。

［96］ 中国社会科学院考古研究所：《黄梅塞墩》，文物出版社，2010年。

［97］ 中国社会科学院考古研究所等：《城河新石器时代遗址王家塝墓地》，《考古》2019年7期。

［98］ 湖南省文物考古研究所：《澧县城头山》，文物出版社，2007年，第308～313页。

［99］ 中国社会科学院考古研究所湖北工作队：《湖北黄梅陆墩新石器时代墓葬》，《考古》1991年6期。

［100］ 郭立新：《长江中游地区初期社会复杂化研究（4300B.C.—2000B.C.）》，上海古籍出版社，2005年，第161～171页。

第四章　城的主人：谁住在那里？

［1］ Trigger, B.G.. 1972. Determinants of urban growth in preindustrial societies. *Man, Settlement and Urbanism*. eds. Ucko, P.J. Tringham R., and Dimbleby G.M., pp. 575－599. Schenkman Publishing Company, Cambridge, Massachusetts.

［2］ 北京大学考古系：《石家河遗址群调查报告》，《南方民族考古》（第5辑），四川科学技术出版社，1993年。

［3］ 高桥学、河角龙典：《长江中游澧阳平原的微地形环境与土地开发》，《澧县城头山——中日合作澧阳平原环境考古与有关综合研究》，文物出版社，2007年，第18～31页。

［4］ 张弛：《石家河聚落兴盛时期葬仪中的新观念》，《考古》2014年8期。

［5］ 郭伟民：《新石器时代澧阳平原与汉东地区文化和社会》，文物出版社，2010年，第167～171页。

［6］ 湖南省文物考古研究所：《澧县城头山——新石器时代遗址发掘报告》，文物出版社，2007年，第308～313页。

［7］ 王建华：《关于人口考古学的几个问题》，《考古》2005年9期。

［8］ 郭伟民：《新石器时代澧阳平原与汉东地区的文化和社会》，文物出版社，2010年，第168页。

［9］ 湖南省文物考古研究所：《澧县城头山——新石器时代遗址发掘报告》，文物出版社，2007年，第308～313页。

［10］ 向其芳：《邓家湾遗址结构分析——从墓地分期与布局谈起》，《纪念石家河遗址考古发掘60年学术研讨会论文集》，科学出版社，2019年。

［11］ 湖北省荆州博物馆、湖北省文物考古研究所、北京大学考古学系：《肖家屋脊》，

文物出版社，1999 年，第 56～58 页。

［12］湖北省文物考古研究所、北京大学考古文博学院、湖北大学历史文化学院：《湖北天门市石家河古城朱家坟头遗址墓葬发掘简报》，《考古》2020 年 6 期。

［13］孟华平：《长江中游史前文化结构》，长江文艺出版社，1997 年，第 147～161 页。

［14］荆门市博物馆：《湖北荆门市新石器时代城址调查》，《考古》1992 年 6 期。

［15］湖南省文物考古研究所：《湖南华容县七星墩遗址 2018 年调查、勘探和发掘简报》，《考古》2021 年 2 期。

［16］郭凡：《聚落规模与人口增长趋势推测——长江中游地区新石器时代各发展阶段的相对人口数量研究》，《南方文物》1992 年 1 期。

［17］湖北省文物考古研究所：《大洪山南麓史前聚落调查——以石家河为中心》，《江汉考古》2009 年 1 期。

［18］中国社会科学院考古研究所、湖北省文物考古研究所、荆门市博物馆、沙洋县文物管理所：《湖北沙洋县城河遗址王家塝墓地 2017—2018 年发掘简报》，《考古》2020 年 6 期。

［19］向其芳：《襄阳凤凰咀城址的确认与意义》，《中国文物报》2019 年 9 月 20 日。

第五章　日常：古城"居民"的生活

［1］湖北省荆州博物馆、北京大学考古学系、湖北省文物考古研究所石家河考古队：《谭家岭》，文物出版社，2011 年，第 123～127 页。

［2］中国社会科学院考古研究所：《青龙泉与大寺》，科学出版社，1991 年，第 26 页。

［3］长江流域规划办公室考古队河南分队：《河南淅川黄楝树遗址发掘报告》，《华夏考古》1990 年 3 期。

［4］李政：《湖南鸡叫城遗址考古发现距今 4700 年保存最完整的大型木结构建筑基础》，《中国文物报》2021 年 10 月 26 日。

［5］长江流域规划办公室考古队河南分队：《河南淅川黄楝树遗址发掘报告》，《华夏考古》1990 年 3 期。

［6］郭立新：《屈家岭文化的聚落形态与社会结构分析——以淅川黄楝树遗址为例》，《中原文物》2004 年 6 期。

［7］白寿彝主编：《中国通史》（第二卷），上海人民出版社，1994 年，第 250～251 页。

［8］李桃元：《应城门板湾遗址大型房屋建筑》，《江汉考古》2000 年 1 期；王红星：《从门板湾城壕聚落看长江中游地区城壕聚落的起源与功能》，《考古》2003 年 9 期。

［9］唐丽雅等：《湖北石首走马岭遗址史前植物遗存鉴定与研究》，《江汉考古》2021 年 3 期。

［10］李政：《湖南鸡叫城遗址考古发现距今 4700 年保存最完整的大型木结构建筑基础》，《中国文物报》2021 年 10 月 26 日。

［11］姚凌等:《湖北荆门屈家岭遗址碳化植物遗存分析》,《江汉考古》2019 年 6 期。

［12］罗运兵、袁靖、姚凌、唐丽雅:《长江中游地区先秦时期的生业经济》,《南方文物》2019 年 4 期。

［13］王育茜、张萍、靳桂云等:《河南淅川沟湾遗址 2007 年植物浮选结果与分析》,《四川文物》2011 年 2 期。

［14］吴传仁、刘辉、赵志军:《从孝感叶家庙遗址浮选结果谈江汉平原史前农业》,《南方文物》2010 年 4 期。

［15］王小溪、张弛:《喜读〈淅川下王岗〉推定之"土仓"与"高仓"续论——汉水中游史前地面式粮仓类建筑的进一步确认》,《考古与文物》2018 年 2 期。

［16］邓振华、刘辉、孟华平:《湖北天门市石家河古城三房湾和谭家岭遗址出土植物遗存分析》,《考古》2013 年 1 期。

［17］王育茜、张萍、靳桂云等:《河南淅川沟湾遗址 2007 年度植物浮选结果与分析》,《四川文物》2011 年 2 期。

［18］吴传仁:《湖北郧县青龙泉遗址出土植物遗存分析》,中国社会科学院研究生院硕士学位论文,2011 年。

［19］唐丽雅、黄文新、郭长江等:《湖北郧县大寺遗址出土植物遗存分析》,《西部考古》(第 11 辑),科学出版社,2016 年。

［20］《中国植物志》编辑委员会:《中国植物志》60(1)卷,科学出版社,1987 年。

［21］唐丽雅、田洁、刘嘉祺、笪浩波、瞿磊:《屈家岭文化时期山地生业模式研究——以湖北保康穆林头遗址为例》,《南方文物》2019 年 5 期。

［22］刘一婷、陶洋、黄文新:《汉水中游地区先秦时期生业经济探索——郧县大寺遗址出土动物遗存研究》,《江汉考古》2021 年 3 期。

［23］李英华、罗运兵:《峡江地区先秦时期鱼类资源的开发》,《第四纪研究》2014 年 34 卷 1 期。

［24］罗运兵、袁靖、姚凌、唐丽雅:《长江中游地区先秦时期的生业经济》,《南方文物》2019 年 4 期。

［25］张绪球:《屈家岭文化》,文物出版社,2004 年。

［26］李永强:《"盘状器"功能再探》,《南方文物》2014 年 4 期。

［27］夏鼐:《所谓玉璇玑不会是天文仪器》,《考古学报》1984 年 4 期。

［28］栾丰实:《牙璧研究》,《文物》2005 年 7 期。

［29］国家文物局三峡考古队:《朝天嘴与中堡岛》,文物出版社,2001 年,第 102～237 页。

［30］中国社会科学院考古研究所:《青龙泉与大寺》,科学出版社,1991 年,第 80～113 页。

［31］中国科学院考古研究所:《京山屈家岭》,科学出版社,1965 年,第 25～48 页。

［32］张弛、林春:《红花套遗址新石器时代的石制品研究》,《南方文物》2008 年 3 期。

［33］张绪球:《屈家岭文化》,文物出版社,2004 年,第 115～119 页。

［34］李文杰：《中国古代制陶工艺研究》，文物出版社，1996 年，第 126～162 页。

［35］李文杰：《中国古代制陶工艺研究》，文物出版社，1996 年，第 126～162 页。

［36］彭小军：《"泥条拉坯成型技术"读识》，《三代考古（四）》，科学出版社，2011 年，第 464 页。

［37］李文杰：《关于快轮制陶的新概念、新判断和新理论》，《文物春秋》2016 年 4 期。

［38］肖芮、罗运兵、陶洋、张德伟、崔剑锋：《屈家岭遗址史前黑釉蛋壳陶研究》，《江汉考古》2022 年 2 期。

［39］刘辉、唐宁：《试论随州金鸡岭遗址新石器时代窑址群》，《江汉考古》2012 年 1 期。

［40］彭小军、郭长江：《长江中游地区史前陶窑及其与陶器生产初探》，《南方文物》2015 年 4 期。

［41］肖芮、罗运兵、陶洋、张德伟、崔剑锋：《屈家岭遗址史前黑釉蛋壳陶研究》，《江汉考古》2022 年 2 期。

［42］朱乃诚：《屈家岭文化的文化成就及在中国文明起源中的地位与作用》，《考古学集刊》（第 20 集），社会科学文献出版社，2017 年。

［43］湖南省文物考古研究所：《湖南华容县七星墩遗址 2019—2020 年发掘简报》，《考古》2022 年 6 期。

［44］江旭东、罗运兵、陶洋、张德伟、李冰洁：《屈家岭遗址出土铜矿石标本初步研究》，《江汉考古》2019 年 3 期。

［45］湖南省文物考古研究所：《湖南华容县七星墩遗址 2019—2020 年发掘简报》，《考古》2022 年 6 期。

［46］刘建国：《中国史前治水文明初探》，《南方文物》2020 年 6 期。

［47］中国社会科学院考古研究所、湖北省文物考古研究所：《江汉平原及其周边地区史前聚落调查》，《江汉考古》2019 年 5 期；刘建国：《中国史前治水文明初探》，《南方文物》2020 年 6 期。

［48］湖南省文物考古研究所：《澧县鸡叫城古城址试掘简报》，《考古》2002 年 5 期。

［49］赵亚锋：《浅析城头山遗址屈家岭文化时期城墙与护城河的修建》，《湖南考古辑刊》（第 11 集），科学出版社，2015 年。

第六章　逝者的空间：墓地与葬仪

［1］湖北省荆州博物馆等：《肖家屋脊》，文物出版社，1999 年，第 56～75 页。

［2］中国科学院考古研究所：《京山屈家岭》，科学出版社，1965 年，第 39 页。

［3］荆州地区博物馆等：《钟祥六合遗址》，《江汉考古》1987 年 2 期。

［4］湖北省文物考古研究所等：《随州金鸡岭》，科学出版社，2011 年，第 75～94 页。

［5］长江流域规划办公室考古队河南分队：《河南淅川黄楝树遗址发掘报告》，《华夏考古》1990 年 3 期。

［6］马俊才：《南阳黄山遗址》，《大众考古》2020 年 12 期。

［7］中国社会科学院考古研究所：《青龙泉与大寺》，科学出版社，1991 年，第 36～38 页。

［8］武汉大学历史系考古教研室、襄樊市博物馆、宜城县博物馆：《湖北宜城曹家楼新石器时代遗址》，《考古学报》1988 年 1 期。

［9］湖北省文物考古研究所、宜城市博物馆：《湖北宜城老鸦仓遗址试掘报告》，《江汉考古》2003 年 1 期。

［10］中国社会科学院考古研究所：《青龙泉与大寺》，科学出版社，1991 年，第 36～38 页。

［11］湖北省文物考古研究所、孝感市博物馆、孝感市孝南区博物馆：《孝感叶家庙》，科学出版社，2016 年，第 44～45 页。

［12］湖北省文物考古研究所：《武昌放鹰台》，文物出版社，2003 年，第 18～21 页。

［13］武汉大学历史学院考古系、石首市走马岭考古遗址公园管理所：《湖北石首市走马岭新石器时代城址的发掘》，《考古》2018 年 9 期。

［14］湖南省文物考古研究所：《湖南澧县宋家台新石器时代遗址》，《湖南考古集刊》，1999 年。

［15］张弛、何嘉宁、吴小红等：《邓州八里岗遗址仰韶文化多人二次合葬墓 M13 葬仪研究》，《考古》2018 年 2 期。

［16］张君：《湖北枣阳市雕龙碑新石器时代人骨分析报告》，《考古》1998 年 2 期。

［17］荆州地区博物馆：《钟祥六合遗址》，《江汉考古》1987 年 2 期。

［18］湖北省文物考古研究所、荆门市文物考古研究所：《湖北荆门龙王山新石器时代墓地发掘简报》，《江汉考古》2008 年 4 期。

［19］湖南省文物考古研究所：《澧县城头山——新石器时代遗址发掘报告》，文物出版社，2007 年，第 308～313 页。

［20］荆州市博物馆、石首市博物馆、武汉大学历史系考古专业：《湖北石首市走马岭新石器时代遗址发掘简报》，《考古》1998 年 4 期。

［21］湖北省文物考古研究所、北京大学考古学系、湖北省荆州博物馆：《邓家湾》，文物出版社，2003 年，第 83 页。

［22］中国社会科学院考古研究所、湖北省文物考古研究所、荆门市博物馆、沙洋县文物管理所：《湖北沙洋县城河遗址王家塝墓地 2017—2018 年度发掘简报》，《考古》2020 年 6 期。

［23］长江流域规划办公室考古队河南分队：《河南淅川黄楝树遗址发掘报告》，《华夏考古》1990 年 3 期。

［24］郭志委：《史前时期腰坑葬俗试析》，《考古》2014 年 6 期。

［25］石家河考古队：《邓家湾》，文物出版社，2003 年，第 84～94 页。

［26］李英华：《汉水中游地区史前腰坑与瓮棺》，《江汉考古》2010 年 1 期。

［27］长江流域规划办公室考古队河南分队：《河南淅川黄楝树遗址发掘报告》，《华夏

考古》1990 年 3 期。

[28] 杨华：《论中国先秦时期腰坑葬俗文化的起源与发展（上）》，《三峡大学学报（人文社会科学版）》2005 年 6 期；郭立新：《石家河文化晚期的瓮棺葬研究》，《四川文物》2005 年 3 期。

[29] 李英华：《汉水中游地区史前腰坑与瓮棺》，《江汉考古》2010 年 1 期。

[30] 孙丹：《中国史前墓葬随葬猪下颌骨习俗研究》，中国社会科学院研究生院硕士学位论文，2013 年。

[31] 罗运兵：《中国古代猪类驯化、饲养与仪式性使用》，科学出版社，2012 年。

[32] 中国社会科学院考古研究所：《黄梅塞墩》，文物出版社，2010 年，第 295 页。

[33] 马俊才：《南阳黄山遗址》，《大众考古》2020 年 12 期。

[34] 张弛、何嘉宁、吴小红、崔银秋、王华、张江凯、樊力、严文明：《邓州八里岗遗址仰韶文化多人二次合葬墓 M13 葬仪研究》，《考古》2018 年 2 期。

[35] 佟柱臣：《从考古资料试探我国的私有制和阶级的起源》，《考古》1975 年 4 期；王吉怀：《试析史前遗存中的家畜理葬》，《华夏考古》1996 年 1 期。

[36] 王仁湘：《新石器时代葬猪的宗教意义》，《文物》1981 年 2 期。

[37] 春成秀尔：《豚の下颌骨悬架——弥生时代における辟邪の习俗》，《国立历史民俗博物馆研究报告》，第 50 集，1993 年。

[38] 许宏：《略论我国史前时期瓮棺葬》，《考古》1989 年 4 期。

第七章 走出两湖：屈家岭文化的冲击波

[1] 中国社会科学院考古研究所：《青龙泉与大寺》，科学出版社，1991 年，第 21～33 页。

[2] 郑州大学历史学院考古系、河南省文物局南水北调文物保护管理办公室：《河南淅川县沟湾遗址屈家岭文化遗存发掘简报》，《考古》2018 年 10 期。

[3] 马俊才：《河南南阳黄山遗址》，《大众考古》2020 年 12 期。

[4] 魏兴涛：《庙底沟二期文化再研究——以豫西晋南地区为中心》，《考古与文物》2016 年 5 期。

[5] 商县图书馆等：《陕西商县紫荆遗址发掘简报》，《考古与文物》1981 年 3 期；王世和等：《1982 年商县紫荆新石器时代遗址的发掘》，《文博》1987 年 3 期。

[6] 商洛地区考古调查组：《丹江上游考古调查简报》，《考古与文物》1981 年 3 期；周星等：《简述丹江上游新石器时代遗址》，《文博》1992 年 2 期。

[7] 董雍斌：《陕西商州市庞原遗址调查》，《考古》1995 年 10 期。

[8] 卫迪誉等：《陕西南洛河上游古文化遗址调查》，《考古与文物》1981 年 3 期。

[9] 陕西省考古研究所等：《陕西丹凤县巩家湾遗址发掘简报》，《考古与文物》2001 年 6 期。

[10] 陕西省考古研究院：《蓝田新街——新石器时代遗址发掘报告》，文物出版社，

2020 年。

[11] 郑洪春等:《陕西长安花楼子客省庄二期文化遗址发掘》,《考古与文物》1988 年 5、6 期。

[12] 中国社会科学院考古研究所:《武功发掘报告》,文物出版社,1988 年,第 36～38 页。

[13] 北京大学考古学系:《华县泉护村》,科学出版社,2003 年,第 81～91 页。

[14] 宝鸡市考古工作队:《宝鸡福临堡——新石器时代遗址发掘报告》,文物出版社,1993 年,第 154～158 页。

[15] 信阳地区文管会、淮滨县文化馆:《河南淮滨发现新石器时代墓葬》,《考古》1981 年 1 期。

[16] 马保春、杨雷:《新石器时代晚期鄂豫陕间文化交流通道的初步研究》,《江汉考古》2007 年 2 期。

[17] 马保春、杨雷:《新石器时代晚期鄂豫陕间文化交流通道的初步研究》,《江汉考古》2007 年 2 期。

[18] 李亚东、宋豫秦、雷兴山、韩建业:《试论豫东南地区的考古学文化与古农业形态》,《中原文物》1996 年 4 期。

[19] 孔玥:《安徽省亳州付庄新石器时代遗址发掘报告》,武汉大学硕士学位论文,2014 年。

[20] 安徽省文物考古研究所、萧县博物馆:《安徽萧县金寨新石器时代遗址西区 2016 年发掘简报》,《东南文化》2020 年 3 期。

[21] 上海博物馆考古研究部、南京大学历史系、河南大学历史文化学院考古文博系:《上海广富林遗址 2021 年南京大学发掘区良渚文化时期墓葬发掘简报》,《江汉考古》2016 年 4 期。

[22] 浙江省文物考古研究所、桐乡市文物管理委员会:《新地里》,文物出版社,2006 年,第 315 页。

[23] 浙江省文物考古研究所:《卞家山》,文物出版社,2014 年,第 40～119 页。

[24] 上海博物馆考古研究部:《上海金山区亭林遗址 1988、1990 年良渚文化墓葬的发掘》,《考古》2002 年 10 期。

[25] 浙江省文物考古研究所:《庙前》,文物出版社,2005 年,第 120 页。

[26] 上海市文物管理委员会:《福泉山——新石器时代遗址发掘报告》,文物出版社,2000 年,第 96～124 页。

[27] 苏秉琦:《石峡文化初论》,《文物》1978 年 7 期。

[28] 李家和、刘林、刘诗中:《樊城堆文化初论》,《考古与文物》1989 年 2 期。

[29] 江西省文物管理委员会:《江西修水山背地区考古调查与试掘》,《考古》1962 年 1 期。

[30] 孟原召:《屈家岭文化的北渐》,《华夏考古》2011 年 3 期。

第八章 屈家岭：众城之邦的记忆

[1] 孟华平：《试论长江中游古城的兴起》，《青果集》，知识出版社，1998 年。

[2] 张绪球：《屈家岭文化古城的发现和初步研究》，《考古》1994 年 7 期。

[3] 孟华平：《试论长江中游古城的兴起》，《青果集》，知识出版社，1998 年。

[4] 何努：《1998 年荆江特大洪灾的考古学启示》，《中国文物报》1998 年 8 月 26 日；
王红星：《从门板湾城壕聚落看长江中游地区城壕聚落的起源与功用》，《考古》
2003 年 9 期。

[5] 中国社会科学院考古研究所、湖北省文物考古研究所：《江汉平原及其周边地区
史前聚落调查》，《江汉考古》2019 年 5 期。

[6] 王敦书：《略论古代世界的早期国家形态——中国古史学界关于古代城邦问题的
研究与讨论》，《世界历史》2010 年 5 期。

[7] 赵辉：《良渚的国家形态》，《中国文化遗产》2017 年 3 期。

[8] 孙波：《聚落考古与龙山文化社会形态》，《中国社会科学》2020 年 2 期。

后　记

2011 年的冬天，黄卫东先生带我赴湖北开展史前城址的调查工作。尽管此前已研读过不少资料，知道长江中游的史前城址保存较好，但当我真真切切地踏入石家河、城河等遗址时，看到高大的城垣、宽深的壕沟，仍然感到深深的震撼。这是我第一次亲见屈家岭文化的古城，朴拙、厚重、宏大等语词一齐涌入脑海，却仍难以尽述其风貌。第二年，在国家文物局、湖北省文物局的大力支持下，城河遗址联合考古队正式成立，并于 10 月启动试掘工作。十二载倏忽而逝，转眼已近不惑之年。十几年来，我待的最久的是城河城，接触最多的是城河人，想的最深的是屈家岭文化。在城河工作的日日夜夜，我对屈家岭文化和屈家岭古城产生了难以割舍的情感，总想为它们做点儿什么，这大概就是这本小书写作的原初动力吧。

尽管有情，2021 年春节前夕良渚博物院夏勇先生为《中国早期文明丛书》向我约有关屈家岭文化的书稿时，我仍倍感压力。一方面，屈家岭文化自 1954 年首次发现以来，学界已经开展过多方面、多角度的研究，几代学人孜孜不倦地攻坚克难，在谱系编年、地方类型、聚落形态、社会网络、文化交流、生业形态等各个方面都取得了重要的学术成就，想从中有所突破，实在不易。另一方面，良渚博物院编纂这套丛书旨在从比较的视野观照良渚文化，可我本人对良渚文化少有钻研，开展屈家岭、良渚文化的比较研究，超出了我的学术能力。但是，屈家岭、良渚作为长江中下游同时期最重要的两支考古学文化，其文明形态、聚落结构、精神文化反映了先民不同的政治实践，具有重要的参证意义，加之前述情之所钟，我下定决心，勉力一试。立足于前辈学者的研究成果，拙著浅述了自己对屈家岭文化的认识，以期为屈家岭文化的研究略尽绵薄之力。

与同时代的其他考古学文化相比，屈家岭文化最大的特点就是城址众多。这些城址究竟是各自独立的"城邦"，还是具有统一性的"地域国家"，学界莫衷一是。为了突出屈家岭文化的特点，亦为探索屈家岭文化的社会性质，我以"五千年前的众城之邦"作为副标题，意在通过拙笔，向读者呈现距今五千年左右、一支古族群盘踞长江中游、坐拥众多"城邦"的恢宏社会图景。限于学养，拙作对很多问题的讨论均浅尝辄止，且有诸多疏漏，权作"引玉"之石，就教于方家。

拙作的所思所想是在城河遗址的发掘和研究工作中收获的。感谢王巍、陈星灿、傅宪国、梁中合、李新伟、刘国祥、贾笑冰等历任主要所室（处）领导对湖北队工作的鼎力支持。感谢王风竹、陈飞、杜杰、张君、方勤、罗运兵、龙永芳、汤学锋等湖北文物部门领导对城河考古的全方位支持，以及对我个人的信任和关心。感谢中国社会科学院考古研究所湖北队、湖北省文物考古研究院、荆门市博物馆、沙洋县文物保护中心等联合考古队的队友在城河遗址发掘中的辛勤付出。

拙著成文离不开师友们的点拨和帮助。许宏、孟华平、郭伟民、周国平、黄卫东等诸位先生在城址考古、长江中游史前考古方面给予我悉心的指点。刘建国先生关于治水方式的精思详察常常令我茅塞顿开。刘老师还不辞辛苦，帮我制作了长江中游的地貌高程图。在写作过程中，我曾多次向刘辉、陶洋、向其芳、吴传仁、徐峰、陆成秋、赵亚锋、王良智、姚凌、周伟、范晓佩、张德伟、李晓杨等师友请教，俱收获热情的解答。范宪军先生惠允使用鸡叫城的高清图片，田志明先生帮我绘制了部分线图，梁田先生协助扫描了数幅插图，凡此种种，方使拙著得以进一步充实。在此一并致以最诚挚的谢意！

感谢良渚博物院的大力支持。感谢夏勇先生的理解和多次鼓励，否则拙作恐难如期完成。

感谢上海古籍出版社的缪丹女士不厌其烦地接收我反复修改的凌乱文稿，耐心、细心地完成每一次编辑校对，付出良多。

最后，特别感谢我的家人，他们的全力支持和无私奉献，是我能够安心从事田野工作、快乐考古的最大保障。

写作过程中，我曾多次前往张云鹏、王劲先生的纪念园瞻拜，无数次被他们栉风沐雨、砥砺登峰的精神所感动。他们是屈家岭文化的开拓者，是湖北队工作的奠基者，是我们永远学习的榜样。谨以此书向前辈们致敬，因为他们开拓的过去，因为他们开启的未来。

彭小军

2023 年 8 月 16 日